蔡源霞——著

婚姻中，
什么样的女人
最好命

中国华侨出版社

婚姻比童话更美好

雅儿要结婚了，但结婚前却患上了婚前恐惧症，她很期待嫁给自己深爱的人，可是又很害怕，不知道婚后的生活是不是如自己想象的那么幸福美满。或者说她断定会不一样，要不怎么会有那么多人说"婚姻是爱情的坟墓"，她害怕自己的爱情被婚姻所埋葬，何况婚姻不是两个人的事，还有两个家庭，还有那么多她惧怕的三姑六婆。

忐忑不安中，雅儿跑去找男友，可不可以不结婚，可不可以就这样过一辈子！于是大家都惊呆了，不知道雅儿怎么会有这样的想法，酒店都订了，婚纱也做好了，喜帖只等着发出去……怎么就不结婚了呢？

家里找许多人来劝解雅儿，可是雅儿却有自己的道理，她对前来劝解她的表姐说，不止一个人说男人婚前婚后不一样，连童话里

　　姐姐说，她的心结并不是他人品不好，而是她自己的原因，所以她需要改变的应该是自己，何况未来的事谁也不知道，何必为了未来那些"莫须有"的事情，而让现在的这原本应该拥有的喜悦成为悲剧。也许以后你会赢呢？可是现在如果你放手，就肯定输了。因为她再也不可能找到一个那么深爱自己的人，或者说，很难找到。

　　是这样的吗？她不止一次地问自己，是这样的吗？是这样的吧！

　　半个月后，她接受了他的求婚。"我不敢确定以后会不会幸福，但是不管怎样，我努力过，我没有遗憾。"她对他说。那一次，他们彻夜长谈，她才懂得，其实他一直都懂她的伤痛，一直都在期待着她的信任。

　　"我不说我们一定会白头到老，但是我会将每天的自己都告诉你，我的心情，我的行程，我的一切都放在你的手心，让你每晚都能够安稳入睡。"他的一席话让她泪眼蒙眬，如果每一天能够安稳入睡，那这一辈子也会岁月静好的吧！

　　那一夜之后，她有着从来没有过的轻松。他们的婚礼定在半年后，她开始和他一起筹备婚礼，订酒店，选喜盒，布置新房……一点一点地，她也终于懂得了，原来幸福不是最终的尘埃落定，而是点点滴滴的付出。下定决心的那一刻，她日日彷徨的心，就这样定了下来。

　　对于他的承诺，她相信，但她也明白，想让它变为现实，是需要两个人的努力。但在此之前，她愿意做出"接受"这个决定，虽然或许有一些冒险，但幸福从来都不是那样轻易就能够拥有的。

逃了出来，将所有准备好祝福的人扔在身后。尽管那一刻，她心痛的谁也无法体会。

"婚姻是需要用心经营的！"办公室里的姐姐对她说，没有哪一种幸福是能够提前预知的，也没有哪一场不幸的婚姻是能够遗传的。其实，不论是幸福还是不幸福，不论是爱情还是婚姻，都是自己经营的结果。"既然能够相爱，为什么不相信可以相守呢？"姐姐柔声地鼓励她，并告诉她，其实，婚姻对于任何人来说都是一场赌博，赌自己的运气，赌自己在婚姻中的用心，赌自己的选择用结果来说明对与否、输与赢。

"姐，可是……万一我输了呢？"她说完，声音就哽咽了，没有人知道她心里的担心。她不是不爱他，正是因为太爱，所以愈加害怕现在的美好被日后的琐碎所销蚀。最后，曾经的深爱，变成了当年的回忆。

姐姐是个睿智的人，温柔地问她："那如果你现在和他分手，你难过吗？"

她呆了，虽然什么也没说，但苍白的脸色和眼神里的痛苦却说明了一切。她会难过，而且她已经在难过了。这些日子她不敢想象她拒绝他的求婚后，对方的心情该是怎样的沮丧，他的表情又是怎样的愤怒，甚至连他的电话都不敢接，短信也不敢看，怕的就是他说：既然不能在一起，那不如就分手吧！

她恐惧婚姻，可是"分手"两个字，他还没说出口，却已经犹如一把尖刀般刺向了她。

婚姻，是需要用心经营的

　　她和他，恋爱多年，已经到了谈婚论嫁的地步，可她却又因此而忧心忡忡，怕选错了，这辈子就毁了，可如果不嫁，同样不知道该如何自处。毕竟，她很爱他。

　　她因为自幼父母离异，对于婚姻，有一种莫名的恐惧，生怕会有同样一个令人心碎的结果。妈妈当时的失魂落魄，她到现在都没能忘掉。恋爱的时候，她再爱他，也若即若离，不是矫情，不是为了某种目的，而是怕自己把所有的心都付出，到时候会收不回来，伤了自己。

　　小的时候，妈妈便说，女人可不能爱得太深，爱过了便等于傻，一旦傻了，那可就没救了。她不想把自己逼到没救了的地步，但他总是那样包容她，始终如一，最终还是到了尘埃落定的时候。但她，尽管不舍，还是不由自主地往后退，甚至从他精心布置的求婚现场

目录 Contents

　　人的一生，一般长不过百年，而婚姻生活占据着我们生命中很长的一段时光。两个陌生男女，经过接触与仔细思量，决定共同打造能够相拥而眠的港湾，以温暖彼此为基础，以白头到老为目的。

　　每个人对婚姻都有不同的期待，有的人希望生活有人一起分担，两个人牵着手走路会更轻松一些；有的人想持续恋爱时的深情，婚姻成为必经之路，甚至是爱情的一个见证；但有的人也有可能是因为年龄的原因而走进婚姻……不论哪一种，都是奔着幸福去的。

　　然而这个港湾并不是平静的，有阳光也有风雨，有快乐也有伤感，有坚定的信念，也有迷途的时刻……这本是婚姻的常态，可却有许多主观或客观的因素，影响着我们对婚姻的判断。

　　我们见到过很多的婚姻，因为各种各样的误会以及不理解，最后背离初衷，分道扬镳。初婚的时候，因为对婚姻太过期待，所以失望也就更加明显，如果不能及时调节，就可能成为婚姻里的一个疖瘤；当孩子出生以后，生活中烦琐的事情越来越多，其中包括经济基础、孩子教育、工作发展，等等，都可能会危及婚姻。甚至，当婚姻风平浪静之后，却又感觉到无趣，两个人成为最熟悉的陌生人，甚至还比不上同事和朋友的关系亲近。

其实，这个世界上没有完美的婚姻。当两个人感觉足够好的时候，或许会认为经济条件没达到要求，当经济条件不错的时候，又觉得感情淡了许多，当经济条件和感情都很好时，又会有婆媳关系……总之，婚姻总有补不完的漏洞。

婚姻中没有非黑即白，也没有非此即彼，但怎样才能够拯救婚姻，恢复良好的婚姻生活呢？许多人求助亲友，但往往只是解决表面上的争执，深层次的症结还在；也有些人会因为面子，自己苦苦支撑，等到支撑不住的时候，只有最差的结果可以选择。

因此，我们每个人都应该有一本婚姻指南，告诉我们当婚姻触礁的时候该怎么办，当婚姻遇到窘境的时候该怎么办，当婚姻让我们觉得幸福越来越远的时候，怎样让它拉回来。

本书就是一本对婚姻及恋爱具有指导意义的婚前婚后指南，让读者在婚姻遇到问题的时候，翻一翻，看能不能在其中找到症结所在，并以合适的方式方法去解决。或者在夜深人静的时候，一杯茶、一本书，对自己的婚姻进行深入的剖析，静静地打造属于自己的幸福婚姻。

都只写到婚礼就结束了，实在逼急了，她宁愿留一个美好的回忆过下半辈子，也不要用下半辈子残酷的现实，来一点一点地磨灭原本美好的爱情。

"我今天不是来劝说你的，我只是……忘了带钥匙。"表姐不好意思地拍了拍包。雅儿顿时急了，她最害怕掉钥匙了，自工作后她便在公司的附近租了一间房，当时钥匙就落家里了，最后只得找开锁的人把门给撬开，之后还得换锁，可麻烦了。看了看时间，已经晚上 8 点了，于是她安慰表姐道："现在开锁的怕是也下班了，要不你晚上就在我家住，明天再解决。"表姐却爽朗地笑了，说用不着，她老公一会儿就回来了，家里有钥匙的又不止她一个人。

雅儿忽然呆了一下，她从来没想过还有这样的解决方案，即使我出了问题，也会有别人可以来帮我解决问题。想到这儿，雅儿主动问表姐，婚姻到底是怎么一回事。

婚姻是怎么一回事？表姐想了想，便笑了，婚姻是一天天地过出来的，要为其冠以一个概念还真不好说，于是，她给雅儿说了一件事。年轻人极少能在同一个公司工作太久的，总想着到另外的公司工作，或许会更精彩一些，可是婚前或许会担心父母有负担，会着急，可是现在却不一样。婚后表姐换了几份工作，老公都是说："如果不开心就辞职，家里有我呢？"虽然表姐并不是因为不开心才辞职，只是老公的这个态度，却让她十分安心，因为没有压力，所以表姐更能够没有任何顾虑地将全部身心都投出到工作中去，因此这几年在职场中极顺。更重要的是，婚姻能够让她在不顺心的时候，做出最理智的选择。

"婚姻给了我足够的安全感。"表姐感慨道,正因为有了婚姻,所以她不再担心下雨的时候没带伞,因为她知道总有一个人能想尽各种办法不让我淋到雨;当夜里被胃痛折磨的时候,有人会把药端到床边;在外面受了委屈,有一个专属的肩膀可以靠、可以哭、可以抱着不撒手;车坏了、马桶坏了、手机坏了,都不用担心,会有人把这一切都搞定……说到这里,表姐又笑了,看着雅儿道:"如果不是你,我还没想到婚姻会有这么好。"

雅儿愣愣地看着表姐,按照表姐这样的说法,婚姻似乎比童话更美好,更值得期待。表姐对于雅儿的说法很是赞成,且认为童话之所以只写到婚礼就结束,正是因为恋爱可以轰轰烈烈,能够诉诸笔端,可是婚姻更多的却是琐碎,这些琐碎就像是泥和沙,不像恋爱如童话般珠光宝气地炫目且令人向往,泥和沙虽然看着不起眼,但却奠定了每一个婚姻的基础。

因为表姐的这一番话,雅儿的婚前恐惧症竟然痊愈,因为正如表姐所说,婚前的恋爱深入人心,所以才能够促使两个人进入婚姻。而婚姻是一辈子的事,能够让两个人支撑一辈子的,一定是有更加打动人心的幸福存在。只不过,因为重视,所以才会怯懦,才会有诸多的担心。其实,这些与婚姻无关,许多人在恋爱当中也有一个选择的过程,只不过我们往往忽略了这个过程,而对婚姻有着更加特别的期待,也因此,才更加害怕这种期待最后会有一个不好的结果。

可是，我们也应该看到，婚姻如果不美好，又怎么会有那么多的男男女女，愿意在婚姻里相依相守一辈子。关于婚姻的好，我们只需要相信一点，它一定比童话更美好，所以才让我们许多人如此地向往。

唯有懂得，才是最美好的婚姻

对于女孩子来说，对于爱情总有着最美好的想象，那个人哪怕出现在暗夜中，都能自带光芒，他可以对全世界冷漠，但唯独对自己柔情似水，他可以低调出场，但一定要低调中内含光华……可是一旦走进婚姻，便有些畏首畏尾和瞻前顾后了。长得好看的，会担心他以后会不会太花心；对凡事漠不关心的，又会害怕他以后对自己厌了、倦了；家世好的，更担心平凡的自己没办法融入他的家庭里去。

即将步入婚姻的蓝草发来消息：姐，婚姻里，什么是最重要？

蓝草几段恋爱，唯有这一段将要走上婚姻这条路了。可是蓝草不确定自己的选择是不是对的，许多人跟她说，婚姻与爱情无关，最关键的是那个男人够不够温柔体贴，有没有足够的经济实力，能不能护她一世周全。

俗话说婚姻如鞋，外人真的不好多加妄言，况且婚姻之漫长足以发生诸多的变化，怎么能够一概而论呢？只是蓝草聪慧，换了一种说法："姐，如果是你自己，你会怎么选？"如果是自己，该怎么选？这就很简单了，一定是要找个懂得自己的人。在没有感情的婚姻中逆流而上，这不是谁都有的勇气，而能让这份感情随着岁月的累积而日渐醇厚的，唯有两个字——"懂得"。

对于女人来说，终其一生所求的，不过是你知道我要的是什么，你可以给不了，但求懂得。

许多人把婚姻过得极为热闹，吵三天，好三天，再冷战三天。女人说男人不顾家，下了班不见人，周末了也往外面跑，自己嫁了跟没嫁是一个样儿，还背负了一个家庭的责任和义务。男人也很委屈，我在外面难道是胡作非为去了吗？那些应酬，难道不是为了多挣点儿钱，让家里的日子好过些吗？于是女人更加委屈："我嫁给你的时候图你的钱了吗？"男人一听，便茫然了。

也有些男人按时上班下班，两点一线，除了单位便是家。女人也不乐意了，你有没有点儿上进心呀？怎么就不知道出去交朋结友，多点儿人脉、多条路啊。男人长叹，又不是没有饭吃，就这样平平静静地过日子不好吗？女人却恨得牙痒痒，人生在世能有几个黄金期，难道就这样平静地过一辈子吗？

女人有错吗？没有，她喜欢细水长流，她喜欢繁花似锦，自然没错。男人有错吗？也没有，不是所有的人都甘于待在家里岁月静好，也不是所有的人都喜欢鲜衣怒马招摇过市……不过是因为双方不懂得彼此，所以才会有这么多的不体谅和不理解罢了。

　　娅文恋爱的时候，男友各方面的条件都极好，对她也很是温柔体贴，她自以为找到了世界上最好的爱情，于是，结婚也成为理所当然的事。娅文热爱写作，这原本只是一项锦上添花的爱好，只是她万万没想到，原来这个爱好只能锦上添花。婚后第三年，老公事业遇阻，合伙人将所有的资金抽走，老公眼睁睁地看着企业倒闭，还背上了一身的债务。娅文正好这个时候写作小有成就，不但能够顾得上一家人的生活，每隔一段时间，稿费还可以帮老公还上一部分的债务。

　　有人说，在困境中成长起来的夫妻，将拥有最好的婚姻。可是，也有例外。如娅文，她的成就源自于她的才华，可她的才华却让老公自惭形秽，他不止一次地希望娅文放下手中的笔，和自己一起创业。可是对于娅文来说，她不想参与老公第二次创业，更不想放弃写作，写作对于她，已经是一项事业了。于是娅文所有的行为，在老公的眼里都成为炫耀，发表了文章是炫耀，拿到了稿费是炫耀，甚至连开个公众账号都是炫耀。娅文这才想起来，当初在恋爱的时候，老公也没有对她的文字有过任何赞赏或者评价，其实他一开始就不懂得自己。这样的日子坚持了两年，有一次在老公故意将网线损坏后，娅文将他变成了前夫。

　　前夫说娅文只能共富贵，不能同甘苦。娅文却懒得解释，因为，他从来就没有懂过自己。

　　找一个懂得自己的人走进婚姻。懂你的人，在你看书的时候，他才会理解你对知识的渴望，或者明白知识于你其实是一种救赎；懂你的人，在你看老电影的时候，他才不会嘲笑你那空虚苍白毫无用处的文艺范儿；懂你的人，在你周末趴在阳台上看蓝天，看楼下的草地，听耳边的风声，他不会认为这是一种太傻的行为……而他，也会尽量地让你走近他，也会敞开自己的心怀，让你能够懂得他的喜怒哀乐，懂得他的理想，懂得和他站在一起等风来，而不是只给你一个暂时遮风避雨之后被狂风暴雨摧毁的巢，然后永远只给你三个字：你不懂！

　　婚姻里的男人和女人，可以不成为一样的人，但最好懂得。唯有懂得，才是最美好的婚姻。

相爱吧，但不必生死相依

那日走在路上，无意中听到路旁一对小青年含情脉脉的誓言：你若不离不弃，我必生死相依！恋爱的时候总要信誓旦旦，否则就显得不够爱，其实只要爱过，何必生死相依。

有这样一个女人，她和所有的男女一样，恋爱，结婚，生子，小日子过得浓情蜜意。可天有不测风云，一次意外的车祸，男人就那样去了。女人伤心至极，几日不眠、不休、不食、不语，大家深深惋惜的同时，也非常担心女人，不知道她能不能熬过去。毕竟他们夫妻之间的恩爱，大家都看在眼里，因此，这样的悲伤就显得格外浓烈。

日子一天天过去，大家的唏嘘还没有停下来，便接到了女人再婚的喜帖。算起来，不过才两年的时间。

大红的喜帖上，女人和另外一个男人相依相偎，笑靥如花，那眼里的幸福感，不是装出来的。大家惊诧之余，一边说着恭喜，一边却有着莫名的怅惘，虽然现在不讲究什么守节，但她怎么这么快就开始有新的感情？怎么这么快就忘记过去的那些美好？怎么就不多守一段时间？甚至有人在朋友圈里感慨说：今后再也不相信爱情了！

不管你相不相信，女人再婚已是事实。尽管大家心里怅然若失，认为女人应该守着孩子过一辈子才符合常理，才是爱情最好的诠释，可……女人，果然心狠！

参加女人的婚礼的人格外多，甚至没有收到请帖的人，都揣着红包前往，大家都想看看她又新嫁了一个怎样的"好男人"。

意外的是，新郎在他人看来并不优秀，新郎与女人的亡夫比起来，相距甚远，大家不免又有些失望。人的心理就是这样奇怪，如果不按照自己的想法去发展，总觉得很是别扭。不过，也是有收获的，虽然是在婚礼上，新郎却对她及她的儿子极好，事事周到体贴。于是，大家又想，她只是为了自己和儿子未来的生活，才如此选择的吧。

或许是感觉到了祝福里夹杂着疑惑、不解、愤懑，甚至诅咒，女人在"新娘致辞"的环节中含泪道：我很幸运，这辈子遇上了两个爱我的男人，第一个男人，在离开我的时候，只说了一句，你可以不忘记我，但一定要重新爱上别人；第二个男人，在求婚的时候，对我说，你可以永远怀念他，但我会一直爱你。

最后，女人泣不成声，满堂宾客同样泪光盈盈。两个胸怀宽广的男人让大家明白：真爱，其实不是生死相依。也因此，女人知道，自己一定要幸福地生活下去，才对得起这样的爱情。

爱的时候，好好地去爱；离开的时候，坦然接受，然后再安心地投入到下一段感情。谁又能说，这不是另一种幸福？

那部经典影片《泰坦尼克号》的情节，至今依旧留在许多人的脑海里，尤其是老年的露丝，她儿女成群，即使当她回忆起杰克，脸上也没有悲伤，依旧优雅、和善、宁静……因为杰克把生的机会留给她，一定不是想让她在悲伤中度过余生，他肯定是希望她幸福和快乐。因此，唯有幸福，才是不辜负。

"如果爱，请深爱"，但如果爱而不得，怀念就好，却不必生死相依。如果真心地去爱一个人，是宁愿这个世界上有一个人怀念我，也不愿意他和我一起沉寂无声。如果深爱，一定也会爱着他的爱，幸福着他的幸福。

很喜欢那句"默然相爱，寂静欢喜"。爱，是欢喜！也许只是一回眸的相见，也许只是一触手的温暖，也许只是一个静静的思念……但真的没必要给爱套上一个"生死相依"的枷锁，我们不是因为某一个人而存在，更用不着用"生死相依"来诠释爱情。

不如安心相爱

好男配丑女的爱情，总是让人唏嘘。好男倒没什么，"丑女"们总因此颇受折磨，最后真的能够修成正果的，都是经过了百般的磨炼。

其实遇到他之前，她从来没觉得自己有哪儿不好的，除了颜值不是那么亮眼，她对人善良热情，在工作上也能力颇强。可即使这样，她也没想到，他会向自己表白。她认为自己是一个自信的人，但自信却不代表没有自知之明，他不但长相帅气俊朗、儒雅幽默，工作也是前程无量，是女孩子们眼中的"男神"，据说读书的时候，身后便有长串的女孩子在追。现在工作了，女孩子们不再像那样疯狂，可是更执着的也不是没有，而且个个都比自己漂亮。因此，她从来没想到过和他会有什么交集，哪怕只是普通朋友。

面对他的表白，她脑子有些空。想拒绝，可是面对着那样的一个人，她开不了口。

午夜时分，她也曾理智地想过，他凭什么喜欢长相中等、学识一般的自己，会不会有别的原因？但天一亮，面对那些滴露的红玫瑰，她的理智便全线崩溃，不顾一切地爱上了他。

他对她真的很好，每天上班车接车送，关注她的一举一动。从小便以"自卑"来促使自己进步的她，有的时候恍惚间会想，是不是自己其实是一只白天鹅？她更没有想到，他的母亲竟然约她见面，不嫌弃她的长相，也不嫌弃她的家境，甚至承诺帮她换一个好工作，要求只有一个，希望他们能够尽快结婚。

她不能不答应，她没有可以挑剔可以拒绝的理由，男友疼爱，婆婆满意，这样的好事哪里去找？更何况，都到了该结婚的年龄。

洞房花烛夜，他心满意足，终于娶到她了。甜蜜里，她不禁沉醉地问："你爱我吗？"女人都喜欢这样问，有的人是因为不确定，而新婚里的她明显不是，她只是想撒撒娇而已，或者说，这是一个女子自我满足的方式，他当然回答："很爱！"她心满意足。可是却在和婆婆的一次聊天中，得知他们母子中意自己的原因，竟然是自己拥有一张旺夫的圆脸。她懵了，竟然真的如此吗？

旺夫！成了她心里的一根刺，早知如此，她宁愿单身一辈子，也不和他在一起。可是事到如今，他什么都好，对自己一如婚前那般温柔体贴，叫她没办法去想别的。

婚后，他的事业蒸蒸日上，他满足她所有的要求，没有因为工作而忽略她，每晚准时回来吃饭，外出出差，总不忘带给她一些小礼物，甚至在她和婆婆闹矛盾时，他宁愿当个双面胶，都不忍责备她。他对她的这些好，她不是不感动，但却还是会情不自禁地想，他怕失去自己，因为自己有旺夫相。念及此，便满心悲凉。

十周年结婚纪念日那天，他拉着她去了酒店，从一楼一直到摆满鲜花的二楼宴会厅，摆满了不知道什么时候拍的他们的照片。满堂宾客都举杯祝他们幸福！

她的泪水禁不住流了下来，他赶紧掏出纸巾，当着众人的面轻轻地为她拭干，她一头扎进他的怀里。那些照片，是这10年来点滴的见证，那是做不得假的。

宾客离开之后，她忍不住问："你现在还爱我的旺夫相吗？"他先是一愣，在她脸颊上捏了捏，心疼地说："什么旺夫相？当然都是我不好，把你一张可爱的小圆脸累成了小尖脸了。"她听了心里头竟是一慌："我的脸变了，没有旺夫相了，你还会爱我吗？"他不明白她的意思，她将婆婆的话说给他听，这件事这么多年来如鲠在喉，今天能够一吐为快，也是她的心愿。

可她却没想到，他因此哭笑不得："那只是我当年骗我妈的一句傻话，你竟然就当真了。"她惊讶得说不出话来，那是他骗婆婆同意婚事的一句谎话，竟让她这10年来一直意难平。

这一刻，她终于明白自己这10年，竟是白白受了苦。也终于看清了他的爱，如果不是因为爱，他又怎么会待自己始终如初；如果不是因为爱，他又怎么会十年如一日，将他们生活的点点滴滴都记录下来；若不是因为爱，他又何必给自己这样的一份惊喜……其实，即使不是谎言，若真的"旺夫"，她也该骄傲，该自豪，该觉得幸运，自己的"旺夫"可以带给她更多的自信，又有什么不好的？既然已经相爱，又为什么不能安心相爱？

还好，未来，还有大把的日子要过，还有许多美好的时光让她安心相爱。

爱，终有一天会有回响

认识他之前，她不相信一见钟情；认识他之后，她认为真爱就是一见钟情。

喜欢他的女孩子不少，她不难过，这样的男生，就该让很多人喜欢。她喜欢着他的一切，喜欢着他喜欢的课，喜欢着他爱看的书，甚至喜欢着他走过的路……他轻拍她的脑袋，笑着说："你只需要做你自己就可以了。"她歪着头，想了想说："我现在的自己就是爱你，和了解你。"

他无奈地笑了笑，她却为了自己的勇敢而欢欣鼓舞。

男生追女生，会为她买早点、打开水，或在楼底下抱着吉他唱歌，她却不知道女生应该怎样去追男生。因为不知道，她就按照自己喜欢的来，她喜欢和他待在一起，于是她找了种种借口靠近他，买电脑找他帮忙，生病了请他买药，考前请他帮忙复习……忙得他的室友都笑着问他："被这样一个麻烦的女孩子以这样的方式追，感觉怎样？"

这样的方式？是的。别的女孩子会织一条围巾放在他的抽屉里，会偷偷地帮他洗衣服，会托男同学给他带夜宵进来，会买好电影票托室友带给他……这些才是正确的追求方式，不是吗？哪儿像她，总是有事相求。

可就是这样一个不一样的她，总让他情不自禁地会牵挂，当她如果有一两天没出什么状况，他会想她怎么了？然后会跑到她的班级或寝室去看看。甚至看到她其实好好儿的正和别人有说有笑的时候，会怅然若失，隐隐地，竟是害怕她会放弃。于是，他也会在过马路的时候牵着她的手，或者在有风的夜晚，脱下自己的外套给她披上。

有的时候，她会闪亮着眼睛问他："你现在是不是爱上我啦？"他还是像当初那样笑，却不知道该怎么回答，是或不是？他自己也搞不清楚。

看到他眼里的迟疑，她又信心百倍，她想他需要的只是时间罢了，所以她继续缠着他，关心着他，爱着他，麻烦着他，任谁劝，她都不回头。她说，轻易就放弃，那不是爱，是喜欢！她固执地要把爱和喜欢区分开来，以证明自己不是盲目的。但却没想到，还没等到她以为的瓜熟蒂落，那天夜里就发生了地震。

那天，她没睡好，因为她在想该用怎样的麻烦事为借口，再去找他呢？他也没睡好，他在想她怎么还没有来找自己呢？地震的时候，她和他都是第一个感觉到的，叫醒同学后，便拼了命地往外跑。

她穿过操场，奔向另一边的男生楼。如果站在高空，会看到这样一幅画面，男生楼里往外跑的人流中，裹着一个身穿粉红衣服的女生往里走，而女生楼往外跑的人流中，则裹着一个身穿米色外套的男生，正在往里走！

一个人的力量毕竟是单薄的，两人最终还是给人流冲回到了操场。她茫然无措，一边流着泪，一边喊他的名字。直到被拥进一个温暖的怀抱，直到听到那个熟悉的声音在头顶响起："傻瓜，我在这儿呢！"她顿时心一松，脚一软，却被他搂得更紧了。

"我真怕死都不能和你死在一起。"她全身无力地倚在他的身上，当有男子汉意识之后，便再也没有流过泪的他，抹了一把眼泪，故作爽朗地说："那怎么可能，如果有一天没人麻烦我了，我会多孤单！"

他们相爱了，成了校园里最不可能，但却最幸福的一对。

有小学妹向她取经，她只有一句话，只要用心去爱，坚持去爱，爱，终有一天会有回响。

有些爱情，已经过去

她接到他的电话，说是出差会经过她的城市，能不能见一面。她应了，尽管她已有了爱，也有了家，但总归是共同拥有过一段那么美好的曾经，那个曾经让她没办法，也不能拒绝的过往。

他的火车离她一点点地近了，每到一站，他便发个短信告知行程。她打开衣柜，看着一衣柜的红衣绿裳，不知该穿哪一件好，又似乎哪一件都不够好。当年两人爱得久了，于是成为了两个最熟悉的陌生人，分手也是顺理成章的事情。之后她重新觅得了一份新的感情，并最终步入婚姻，可他却波澜不惊，一直单着。有人说，他醉酒后胡言：其实，他一直在等她。

等什么呢？她瞟了一眼墙上的一家三口的合影，这样的一份幸福，是真实的，她永远都不会放弃。既然曾经相爱，她也希望，他同样能有一份这样的温暖与幸福。

指尖从那些好看的衣服上划过，每一件都是她精心挑选最当季的款式，但她却顿住，转身去储物柜里找了一件多年前的且已不合身形的外套，又去洗手间洗去脸上的脂粉，将头发松松地梳了一个马尾辫。

当她赶到火车站的候车室，他已经等候多时了。

双眸相对的那一瞬，她看出了他眼里的激动，也看到了激动之后的诧异。她搓着手说："工作实在是忙，孩子又闹，所以来晚了。"他赶紧说没关系。两人一时竟无话可说，彼此望着，眼前的那个人多年前分明熟悉得就像是自己身上的一部分，可是现在，却咫尺天涯、物是人非。

"你过得好吗？"他问。她赶紧点头："好啊，挺好的。"然后絮絮叨叨地说起孩子和孩子他爸来，孩子很调皮，每天都有操不完的心，孩子他爸的工作也挺辛苦，连饭都要她盯着吃……他看着她，早已洗去铅华，当年的风韵一丝全无，成了一个普普通通的妇人，这叫他心痛，可却又看到，这些琐事在她眼里，却也是细细碎碎的幸福。

他终于明白，不管她过得好还是不好，自己都是无能为力的，因为她是幸福的，而且这样的一份幸福，与他无关。

匆匆一见，他又赶上下一趟火车走了。这一次，他想，或许再也不会在这座城市停留了。

她一个人在候车室坐了很久，抬眼间看到窗玻璃中的自己，面色无光，衣着陈旧，原本青春无敌的马尾辫拖在她的身后竟那样地不合时宜。但，她笑了，真的希望一个人好，便是愿他如同自己一样幸福吧！

离开候车室经过大厅的时候，不知道是谁放了一首歌：但凡未得到，但凡是过去，总是最登对……她不禁泪流满面，许多人总是对过去念念不忘，如同一张被美化的照片，其实过去的真的已经过去了。

半年后，她便听到他要结婚的消息。

他结婚那天，她在自己的咖啡店里，让店员循环往复地放着那首《似是故人来》，然后在"但凡未得到，但凡是过去，总是最登对……"的歌声中望着窗外的雪花呆坐了一个下午，直到那双温暖的手将一件大衣披到她的肩上，那颗心才落了地。

她握紧搭在肩上的那只手，笑了。每段爱情既过去，就该让它该过去，身边的温暖，才最值得拥有的。她是，他也应该是。

爱情喜欢明媚的人

一个朋友离过两次婚，好不容易走进第三次婚姻，仍然不幸福，天天在朋友圈里发牢骚。不管是婆婆还是老公，甚至是亲妈都对她不好，朋友不解：我也很勤奋地工作，很用心地打理这个家，真诚地过日子，怎么我就得不到幸福呢？

她不幸福，是许多人都意料之中的，甚至在她再婚之前，大家都已经想着要离她远一些，免得又被她的牢骚所扰。按道理说，不管生活中有多困难的事，恋爱的时候和初婚的时候总是有幸福和快乐的，可是很遗憾，没有人能从朋友那里听到一星半点儿有关她快乐的事，她的世界似乎永远都是黑色的，永远都是凄风苦雨，这样的女人即使拥有爱情，也极短暂，因此她让大家只想到"逃离"。

爱情喜欢明媚的人，所以，我们常常看到一个可爱的女孩，就会忍不住地想，她应该是被爱情包围着的女孩，这样才不会辜负她的笑容。

安乐便是这样的一个女孩，虽然她相貌一般，但是既勤奋又体贴，成天一脸的笑容。安乐刚刚到公司来上班的时候，每天都比别人早到十分钟，等到所有的人都到的时候，她已经把水烧好了，报纸拿回来了，所有人的桌子也都擦得干干净净。这样的女孩，没有人不喜欢，大家不但把工作上的事情都无私地教给她，甚至每个人都不遗余力地给她介绍男朋友，生怕错过了她会是自己身边朋友的损失。

而销售部的娜娜，则是另外一番情景。娜娜其实身材高挑，面容姣好，这样的女孩儿应该是被家里当公主在养的，而她也的确像公主一般高傲，同事几年，没几个人见到她笑的样子。每次开会，娜娜都在诉苦，不是内勤没有配合好工作，就是客户太难打交道，似乎所有的人都在和她作对。

最近，听说娜娜请假去新加坡玩了一趟，因为她和男朋友分手了。没有人知道娜娜究竟是怎么一回事，她男友换了很多个，但每一次分手，大家都会不由自主地认为，是男方提出的分手。记得有一回开会之前，娜娜当着大家的面接男友的电话，开头的第一句便是：我马上要开会，有话快说吧，真不会挑时候……大家当时便摇头，和这样的女孩儿在一起实在是太压抑了，推己及人，自然而然地就会认为，了解了之后，但凡有点儿理智的男孩子，最终都不会选择娜娜。

安乐则不一样，自她和同事介绍的男孩谈恋爱，大家便一直期待着喝到她的喜酒。果不其然，男友对安乐很珍惜，每天早接晚送，加班还会送来加餐，哪怕是在外地，也会点外卖送过来，所以大家都很喜欢和安乐一块儿加班，因为男友送的餐可不止是安乐一个人的。安乐的男友经常出现，每次都会有大包小包的零食或水果，说得最常见的一句话便是：拜托大家多照顾她！对安乐的好显而易见。

可是安乐却从来都不恃宠而娇。下雨了，男友没时间来接她，她笑着说："没关系，我打车回去，淋不着我。"心情不好的时候，和男友说这两天特别忙，暂时不见面了，然后调整好了心态，再见面的时候，仍是一张笑脸。男友工作遇到瓶颈了，她默默地帮着查了许多资料，然后安慰道："出现问题，就解决问题，别烦！"这样的女孩子，体贴温柔，还有一颗如向日葵一般的心，怎么让人不爱？

安乐准备结婚的消息传出来的时候，正遭遇娜娜的再一次分手。中午吃饭的时候，有人问安乐的婚房是谁的名字，安乐说是男友家买的，当然是男友的名字，娜娜撇了撇嘴道："那以后离婚，你不是什么都没有？"安乐眨着大眼睛回："为什么要离婚呢？"那一刻，安乐整个人似乎都在发着光。

心有阳光，无时无刻就都是明媚的，而爱情，都更喜欢靠近明媚的人，似乎，又不止是爱情。

婚姻是个压力锅

　　28 岁的蜜蜜问："婚姻到底是什么？"

　　如果说婚姻是一种生活，也许让人很难理解，那么，说婚姻就是个压力锅，或者更容易明白。哪一个女子婚前不是十指不沾阳春水，被父母娇养得比公主还要金贵，可是一结了婚，你就会发现婚姻会把她雕琢成另外一个人。没办法，一场普通的婚姻里，你不能指望男人既要上阵杀敌，又下马做家务带孩子。朋友小蒙，结婚 8 年，从不食烟火的小女孩儿，变成了一个能做团圆饭的爽利女子。

　　这一席话，说得蜜蜜有些害怕：婚姻便是这个样子的吗？我点点头，如果嫁不得豪门，大概普通的生活就是如此。甚至，还不止如此，小蒙以前每个月都要去做一下头发，既是整理发型，也是整理心情。可现在的确没办法这么"矫情"，甚至家里大男人和小男人的头发都是她自己动手，而且还曾经得意地掰着手指算：一年至少给家里省了 500 块，够吃半个月的开销……还没说完，蜜蜜眼里便生出恐惧来："婚姻果然是个压力锅，都不成样子了。"

不是不成样子了，而是成了另一个样子。只是这个样子，要看你是不是会调理。一盘色香味俱全的红烧肉，总比刚买回来和五花肉更有魅力。

除了婚姻，什么事情能让一个人这么快速地成为一个全方面的多元化的立体式的人才？没结婚的时候，小蒙很娇气，稍微加班晚了一点儿，都耗在单位门口不敢回家，现在不论是严寒还是酷暑（寒暑假），她都能够带着儿子"风风火火闯九州"，"母老虎"成为了一种气质，一般无实力的歹徒都不敢近身。小蒙为此很感谢儿子，如果不是他，她不知道自己还有这样的潜质。现在，整个地球在小蒙的眼里都不算什么了，只要有儿子在身边。

"可我想结婚是为了要被人疼的。"蜜蜜有些委屈，甚至有些失落。

谁不是抱着这个梦想走进婚姻的？但婚后，就成了"很多人要你疼"了，老公、儿子、父母和公婆一个都不能少，疼着疼着就把自己疼成了女汉子。可是，能有这样一些人让自己疼，难道不是一件幸福的事？很多人不开心，其实大多是因为觉得似乎没有什么收获，或者和旁人比起来，得到的很少。

小蒙怀孕的时候，正好和某明星同年。那位女明星生了个儿子，婆家送了一栋大别墅，小蒙也生了个儿子，收获了老公的一个吻。此后的日子，小蒙会情不自禁地关注女明星的新闻，她出去旅游、度假、购物、走秀……而小蒙是哺乳、换尿布、做家务、工作。偶尔，小蒙也会想，真是人同命不同，都是女人，相同的年龄，怎么命运相差这么大呢？结果证明小蒙是对的，果真是命不同，这么多年过去了，女明星二嫁也离了，小蒙每天还是能收获老公的一个吻。

经过婚姻的这个压力锅，小蒙再想起青春年少的时候，也很怀念，可是却一点儿都不后悔这些年的时光。小蒙很享受被儿子甜腻腻地喊"妈妈"的感觉，也很享受窝在老公的臂弯里安心睡觉的感觉，还很享受被同事们喊"女神"的感觉，"女神"，指的可不是容貌，还有来自岁月的沉淀，这样的一份沉淀，可以让女人在最灰暗的岁月里，都熠熠生辉。

小蒙不知道往后的岁月还会经历什么，但她知道，只要自己能承受得住婚姻这个压力锅的历练。那时的自己，肯定又是另外一番模样，且比现在会更好！

没有人的付出会毫无价值，当婚姻使我们快速成熟的时候，也打开了我们另外一扇窗：原来我们还有另外一种力量，可以让孩子依靠，可以让父母依靠；原来我们还有另外一种心情，永远不会患得患失，有没有你，我的世界依然是这样运转；原来我们还有另外一种生活，日出而作，日落而息，在城市里"耕耘"，总有一个地方的灯是真正属于自己的……经过了婚姻这个压力锅，青涩的女孩儿，才能成为真正的女人。

所以，婚姻这个压力锅，如果有机会，是一定要去试一试的。

别忘了给爱情下单

春芒恋爱 3 年，到了该结婚的时候，两边的家长都使劲地催着，可是这临门一脚，春芒就是不敢踢。"婚姻是爱情的坟墓啊。"春芒说。其实心里还有另外一种想法，便是万一遇到更好的呢？这个万一，最后让春芒错失了一段好姻缘，因为男友在春芒的迟疑中心灰意冷，于是提出分手，并很快在家人的帮助下，找到合适的结婚对象。

春芒当然是不甘心的，她找到男友，问他为什么这么快就能移情别恋。男友只说了一句话："你并没想过要和我在一起过日子，既然你不是真的爱我，我当然可以爱上别人。"春芒想否认，可最终还是偃旗息鼓了。之后，很长时间里，春芒都没有找到比前男友更好的对象，她这才明白，爱情最不应该的便是得陇望蜀。既然相爱，便要相信他是最好的。

春芒不知道，对于许多人来说，以结婚为目的的恋爱是要流氓，可是不以结婚为目的的恋爱，也是耍流氓。从这一点看，男友的选择似乎并没有什么错。

喜欢购物的女孩儿都知道，我在购物车里添了再多的物品，只要没有下单，那些物品终将会因为过期，而重新放回货架。爱情也是一样，如果到了该下单的时候，你迟疑了，就会因此而错失，毕竟爱情也是有保质期的。

姬星便是一个很懂得给爱情下单的姑娘。姬星读大学的时候和男友确定了恋爱关系，两人大学毕业之后，热恋期已过，各自都将重心投入到工作之中。姬星在职场如鱼得水，很快便得到领导的重用，3个月的试用期，1个月便转正了。1年后，姬星更是被破格提为副经理，所有的人都知道，姬星的前途不可估量，因为她所在的单位是个上市公司，规模不小。

可同时，姬星男友却是郁郁不得志，不是得不到领导的赏识，便是遇职场小人。许多人都暗自猜测，姬星会不会重新做一次选择，甚至相熟的人都劝姬星要好好考虑一番，连男友都在迟疑，都在等着姬星向自己摊牌。可是姬星却一如既往，并在毕业后的第3年，向男友表达了希望结婚的意愿。

大家对姬星的决定表示惋惜，毕竟两个不对等的人在一起，以后会有很多的矛盾。连男友自己都说："我现在给不了你想要的生活。"姬星摇头道："我想要的生活我自己能给，如果你够爱我，那么我就是你的动力，如果你不够爱我，那么，我就成为你自卑的理由。"一席话，说得男友愧意顿生，知道是自己的心胸不够豁达。

男友当着大家的面向姬星求婚，她也很爽快地答应了，只是没有举行婚礼，两人请了假，出去旅游一趟，然后便安心地过起了小日子。有姬星在前面领跑，男友也不甘落后，渐渐地，两人能够齐头并进，之后你追我赶不亦乐乎。婚后第3年，姬星生下了白白胖胖的宝宝，因为两人收入不错，所以请了保姆，姬星哺乳假结束后继续上班。

有人说姬星的命好，按部就班地进行着，人生没有一丁点儿的遗憾。也有人说是姬星的眼光好，有多少女孩子会在爱情和婚姻里挑挑拣拣，但姬星连观望都没有，且在男友最艰难的时候，毅然地嫁给了他。对于这些说法，姬星只是笑了笑，她自己懂得，她只是在该为爱情下单的时候，没有迟疑罢了。既然看准了，就不应该左摇右摆，这个世界上从来没有完美这一说，也从来不缺少好的东西，有些期待，只能是伤害，不管是对自己，还是对别人。

对于爱情，如同手心里的沙，还在你手里的时候就得赶紧攥住，否则，一阵风来，就可以把它吹走。这个道理，姬星无疑是懂的，所以，她才可以稳稳地握住属于自己的一切。

爱情里没有关键词

　　所在的单位曾经举行过相亲大会，在之前进行摸底的时候，许多女孩子说的是要有"眼缘"，可是到了具体见面的时候，女孩子拒绝的理由却有很多，如太胖、没素质、不会说话、妈宝男等等，但能让女孩子动心的却无非是长得帅，或者家里的经济条件还不错，但这样的往往很难真的在一起，而那些你看不出来为什么会在一起的，往往最后就真的成了。

　　开心是一个漂亮的姑娘，性情也特别好，和男友分手后，身边的许多人都抢着给她介绍男朋友，其中有两位让她难以抉择，其中一位事业有成，却让她有些琢磨不透，另外一位稍有些年轻，事业正处于创业期，对她一见钟情。开心举棋不定，两个男生如同左手和右手般，都叫她无法舍弃。

　　面对开心的纠结，身边的人纷纷帮她分析，事业有成的那位虽然年龄稍大，但是可以让她一结婚就能享受不错的、优越的生活，而另一位，却得跟着他历经不少艰辛，并且谁也不能保证能不能走到最后，毕竟创业期的人要经历的风险会不少。可也有人说，有经历的男人比较复杂，防范之心更强，倒不如一起打拼的感情来得更踏实。

甚至有人提议，倒不如想个办法来考验一下对方的真心。开心却笑了，她觉得当感情没到一定的份儿上时，不应该去强求别人的真心，况且，她自己也很迷茫，因为她在种种的这些"关键词"面前，看不清自己的感情，当一个人不知道自己的爱情在哪里的时候，做出任何选择，都是不负责任的，不仅仅是对自己，对对方也是一样。

直到几天后开心过生日，她忽然明白了自己的内心。因为开心没有明确和谁在交往，于是那两位男士都到了生日现场。那天的生日聚会安排在湖边的小店，其中有一位朋友是带着孩子来的，因为是在晚上，而店主又为了制造特别浪漫的效果，因此把灯光弄得比较朦胧，于是谁也没注意到孩子，直到"噗通"一声，万没想到，孩子掉进了旁边的湖里。

开心一听到这声音，心都凉了，虽然不会游泳，但她打算下去救人，可是正在这个时候，她听到了两声同样"噗通"的声音。第二天，开心便接受了其中那位正在创业中的男士。有人不解，同样两人一起下河救孩子，而她选择其中一个人的原因是什么？开心笑着说："因为我爱他！"

开心永远都记得，当自己听到两声"噗通"落水声的时候，心里虽然忧心忡忡，但是同时，她对其中一个人的担心竟然有了一种心痛的感觉在里面，这样的一份心痛让她明白，这就是爱。

"直到那个时候，我才明白，爱是不用选择，也没有任何关键词。"开心淡淡的语气里，有着浓浓的幸福和甜蜜。

原本，开心之所以迟疑，也是因为她暗地里也会情不自禁地给爱情设置了很多关键词，比如高大帅气，比如勇敢智慧，比如诚实稳重，可当她明白了"爱"的那一瞬间，才发现，爱和所有的词语都无关，只不过是内心深处，那微微的一痛。

或许婚姻生活里会有许多的问题，需要用很现实的思想去支撑，如当生活遇到重大灾难的时候，可能需要经济来支撑，但是婚姻是一辈子的事情，这么漫长的时间，唯爱不能辜负。

更何况，当你考验别人的时候，其实也是在考验自己。当你疑惑他人的时候，其实最不明白的是自己，因为如果你爱了，就会明白，爱和选择无关，和一切的条件都没有关系，爱就是爱！

爱情里没有你强我弱

许多人可以允许自己的爱情不是门当户对，但却一定要势均力敌。一个有事业心的女人，是很难接受一个不求上进的男人，而一个知识渊博的男人，也很难对目不识丁的女人产生兴趣。爱情，可以一见钟情，但若要长久地相处下去，并走进婚姻，而又没办法取得平衡的情况下，最重要的是要改变自己的心态。

木海的那一场爱情便因为男友太过优秀，而让她伤神许久，甚至委屈比幸福要多得多。

木海从小就是个人见人爱的姑娘，每一次班级和学校的文艺汇演都有她，家里也当她是掌上明珠，是从小被娇宠着长大的。可是一遇到男友，就像是遇到了生命里的克星，她总是忐忑男友会向自己说分手，会不爱自己了。究其原因，不过就是因为男友太优秀，在学校的时候是学霸，还没毕业便签进了位居世界五百强之内的公司，走到哪儿都顶着"社会精英"4个字。

虽然说木海和男友在同一家公司，可是他们一个是被公司高层宠爱的明日之星，一个是默默无闻的行政小职员，根本不可能同日而语。

如果说木海原本是一颗温润的珍珠，时时刻刻散发着光芒。那么在男友的面前，那便是萤光与烛火的区别，叫她都不好意思回忆童年。可是这样的男友，谁能真的放得了手？何况木海还是那样深爱着他。没办法，木海时时都想证明男友是爱自己的，似乎只有这样，她才能够拥有足够的安全感。

可是，木海的不自信又让她患得患失，前一秒放心了，后一秒又开始担心，这样优秀的一个男孩子，为什么会爱上自己呢？木海知道自己这样的状态是不对的，可是在思索男友为什么会爱上自己的同时，也明白了，既然找不到答案，那么，就让自己配得上他。

为了证明自己是值得男友喜欢的，木海几乎是拼了命地去工作，她转到了销售部，每天下班她总是最后一个走，每次有难关，总是她冲上前去。甚至男友去出差，木海都很开心，因为这样就可以把陪男友的时间，用来工作，这样就可以离男友近一些，她根本没想到这其实是一件本末倒置的事情。男友哪能不明白木海的心思，他心疼地握着木海的手说："你是个女孩子，要好好地疼自己！"她听了，心里不是滋味儿，更加频繁地加班。

其实，男友在木海的心里如同一座永远也爬不到顶的高山，可是她仍然不停地去攀登，因为只有这样，她才会拥有那一线希望，才不至于产生以后的悲剧，不如现在就分开的想法。

老天爷从来都不会辜负努力的人。终于有一天，木海也和男友一起并肩成为了本年度的优秀员工，她得意地笑了，却看到男友担忧地看着自己，心里便又满是委屈。

可这个世界上，追求总是没有尽头的。男友的优秀何止体现在工作上，他的歌唱得好，在电视台比赛拿过奖；他的画画得也好，经常带着木海到山上，画凌晨日出；他的英语说得出奇的棒，有好几个非常聊得来的外籍朋友；他还很孝顺，有一次去他家，看到他在帮外婆洗脚……男友的优秀，让木海很窒息，很自卑，很不知所措。尤其，那种优秀是不经意之间的挥洒自如，根本不像木海这样，那点儿成绩那是晨昏颠倒换来的。

与其让他提出分手，不如，自己先来。木海咬了咬嘴唇，泪水却不争气地流了下来，终是不舍。

木海其实忘了，她也是一个很夺目的女孩子，她不知道，她在年会上优美的舞姿赢得了多少欣赏的目光；她不知道，她坚韧的性格，让他很多次在心里为她鼓掌；她不知道那次她扶着老人过马路，差点儿被车撞到，他正和客户在对面的那栋楼里谈生意，当时他心都快跳出来了，却听到客户说，现在这样的女孩子太难得了。她不知道，他如她一样深爱着对方。

木海的患得患失，男友看在眼里，虽然没房没车，但他倾尽所有的积蓄买了一枚钻戒，然后当众向老总递交了辞职信，然后跪在她面前问："你愿意嫁给我吗？"

公司规定夫妻不准有办公室恋情，木海拉他起来，她是个女孩儿，要辞职也该自己，何况他比自己强那么多，怎么着也不应该让他辞职。男友却无所谓地笑了："爱情里没有你强我弱，非得分个高低出来，只有我爱你，所以，就该宠着你、让着你、护着你、疼着你。"

那一刻，木海的泪水奔涌而出，男友终究还是比自己强，他早就明白了什么是爱，而自己，在这一刻才明白。好在，还不晚。

每一个人都有自己的优点和缺点，很多时候，只是自己的优点并不是很符合大众的眼光，而自己也就跟着人云亦云地否定自己，并为此自卑和退缩，这是爱情里最得不偿失的。

女人说得最动听，也是最有魅力的一句话便是：我也很好啊！不论是婚前还是婚后，这样的一句话，都能让女人瞬间光芒万丈，什么"不般配""不合适"等负面评价在这句话面前，都变成了无稽之谈！而有这种自信的女人，即使她的长相再一般，她的工作能力再一般，也能够让人相信，她肯定有自己的独到之处，她是值得被爱，她的幸福来得毫不突兀。

别想弄懂爱情

面对爱情，女孩子总想弄清楚男孩到底有多爱自己，恨不得爱情有一个温度计，他对自己的爱到底有多少度。当然，如果爱到爆表，那女孩子将会认为自己是这个世界上最幸福的人。只是，可爱的女孩子们却没想到，如果真的有爱情温度计，那爆表的肯定不止你一个，面对众多爆表的爱情，你仍然会期待，自己的爱情是每个人都有的，还是比别人更多一些。

虽然想知道爱情的温度，并不一定是因为女孩子争强好胜，更多的是想拥有一份更踏实的安全感。可是往往，正因为想拥有这样一份安全感，所以，总是纠结于自己的爱情有多少，最后反而更有可能弄丢了来之不易的爱。

小凡和男友最初相处的时候，一直都是惶恐的，虽然她和男友在很多人的眼里是很般配的，虽然男友对她特别照顾，天气降温的时候知道她穿得少，会特意去买一件衣服给她送过去，知道她吃饭的时候没胃口，订了好几份外卖让她选，他花了半年的时间学摄影，就是为了把她拍得更漂亮一些……可是这些，小凡都看不见，她只关注一件事，男友为什么不说"我爱你"。

小凡用过很多办法，试探、心理测试、旁敲侧击……可始终不确定男友是不是真的爱自己，当她被自己折磨得不行的时候，跑到男友面前，鼓足勇气红着脸说："你……爱我吗？"男友那一瞬间惊得嘴张了半天，他都做了这么多，难道还不足以证明有多爱吗？那一刻，小凡在男友的眼里真单纯、真可爱。

得到了肯定的答案，小凡喜不自禁，一颗忐忑的心也重重地落下了，觉得自己是世界上最幸福的人。可是没多久，这种幸福感就像潮水一样慢慢退去，小凡又在想，男友是真的爱自己的吗？如果爱，为什么就是不说爱自己呢，是不是还为自己留有余力？

知道自己这样的想法有些伤人，小凡也忍得很辛苦，但到底还是问男友为什么不主动说"我爱你"。男孩揉着小凡的头发道："我以为我们俩心心相印，但如果我不爱你，你能问得出爱来吗？"小凡想，也是，每个人的性格都不一样，男友是属于一个内敛的人。这样一想，小凡又开心了，只是却忽略了男友语气里的无奈。

爱情的生活总是曲折的，哪怕在别人看来是那样的一帆风顺，当事人却总是在风浪中颠簸。没多久，小凡又开始纠结了，她觉得自己还是不够漂亮，不够优秀，男友对自己的爱，肯定没有他说的那样真，或许，不会永远这样真，她拉着男友的手说："你到底爱我什么？"男友耐心地解释："爱你当然没有理由，否则我不是要每个女孩子都要爱，因为每个人都有优点。"小凡再一次觉得有道理，暗自松了一口气。

早先说了，小凡长得很漂亮，人见人爱，自然有许多男孩子都对她一见钟情，可是正在追求中的男孩子当然是个个付出全部的努力，在这样的热情面前，小凡又觉得男友对自己渐渐冷淡了……小凡对爱情的不确定就像一年中的四个季节，一次又一次地轮回。不知道轮回了几次之后，她再一次地问男友："你为什么爱我？"这一次，男友再没有像以前那样明确而坚定地回复她，反而是沉默了许久之后，答："我不知道，我甚至都不知道什么是爱了，也不能确定我是不是爱你。"

小凡总是想弄懂爱情，最后不仅她没有弄懂，连原来坚定的男友都糊涂了，到底什么才是爱？

原来他的确不是真心爱自己的！小凡这一次才觉得是尘埃落定，但也很伤心，她不明白自己到底有没有拥有过爱情，她幸福过，快乐过，甜蜜过，温暖过，可没等到弄懂爱情，爱情就远去了。

过了许多年以后，小凡才明白，太想弄懂爱情其实是对爱的一种伤害，因为爱情的魅力就在于每个人的爱情都不相同，无法类比，更在于那样一种不切实际的狂热和朦胧。如果你总想揭开这一层面纱，看个一清二楚，最终只会失去，因为这个世界，最难弄懂，或者根本弄不懂的便是爱情了。

既然相爱，就好好地享受属于自己的爱情，它或许没有别人的那样轰轰烈烈，但细水长流的韵致也不错，它或许没有别人的那样动人心魄，但浅吟低唱的美好也是无与伦比的……爱情的美好之处，是需要你去接受并享受它。

"没女" 的爱情很踏实

"没女"在搜索引擎中的解释是这样的，大致是指那些没长相、没身材、没青春、没学历、没财富、没家世的女人。这样一看，许多人都会表示同情，这样的女孩儿……唉！但仔细想想，这样的女孩完全不需要任何人的同情，因为她们往往过得很快乐很幸福。反而是那些"女神"才被剩下，并且逐渐成为"怨女"。

这是一个很奇怪的现象吗？不，其实一点儿都不奇怪。我们看到的"有"和"没"，只是我们看到的，而在爱情和婚姻中，尤其是婚姻，真正能起到关键作用的往往并不是这些。

我身边有两个姑娘，一个姑娘叫安梅，另一个姑娘叫于燕，两个姑娘一起长大，都是正值妙龄，两人都是单身。但大家给她们介绍男朋友的时候都会情不自禁地先想到安梅，因为她长得漂亮，本科学历，从谈吐中也看得出来是一个挺有内涵的姑娘，这样的姑娘应该是很容易被异性喜欢的。而于燕则是一个典型的"没女"，没长相，没身材，没青春，没稳定的工作，家世也一般。

相比较而言，安梅的成功率自然是比于燕要高，作为媒人，谁不想提高成功率，成就一份好的姻缘呢？可是，事情偏偏就是那么怪，给安梅介绍的对象，倒是如大家所料，总是被男方所欣赏，可是安梅自己却总说"没感觉"，所以决绝地拒绝第二次见面。她说时间是宝贵的，怎么可以浪费在不相干的人的身上，大家谁也不能说她错，只是渐渐地，大家不再为她操心了。

于燕是主动拜托大家给她介绍男朋友的，刚开始的时候，大家都有些担心，如果于燕也像安梅一样重于"感觉"那就不大妙了，因为即使她对别人有感觉，别人不一定对她有感觉。"感觉"这东西最是微妙，让你想劝解都无法去说。可万没想到，于燕第二次相亲便和对方开始认真地交往起来。

鉴于于燕自身的条件，大家也怕她过于迁就，于是让她也要好好考虑一下，毕竟恋爱是奔着结婚去的，这可是一辈子的事。于燕却笑着回道："我考虑得很清楚了，他虽然外在条件也一般，但是却很踏实、稳定、人品好，又有上进心，我真的很满意。"而男孩也表示于燕善良、温柔、大度，是一个适合过日子做老婆的人，是他想找的类型。

两人这样一说，大家这才眉开眼笑。能从普遍大众的审美标准中看到对方不一样的优点，这样的爱情和婚姻才能够维系得更长久。

当于燕的小孩儿上了幼儿园，安梅还是孑然一身。并不是说女孩子非得走进婚姻才可以更幸福，但是当你向往婚姻并能获得预期的时候，却因为这样那样的条条框框留在幸福之外，不免让人生留有遗憾。这时候，我们不免有些疑问，为什么于燕能够一路幸福？因为她是一个"没女"，她知道自己的优缺点，她更能够看清楚自己要走的路，知道怎样的人才适合共度一生，而安梅说的也没有错，和"有感觉"的人在一起更容易产生爱情，但"感觉"并不等于一见钟情，人与人的感情是需要相处的，因为相处所以才会有欣赏，有了欣赏才会有感觉。

而"没女"们却很懂得这个道理，所以她们愿意给自己和别人一个机会，来验证幸福！将姿态放得低，得到的幸福却未必也是低质量的。如于燕，她的确最初是一个"没女"，可更因为一无所有，所以她勤勤恳恳，懂得争取，亦懂得付出，最后，她婚姻幸福、事业上成功，都比别人快走了一步。

"没女"们的爱情为什么更踏实？因为她们了解自己，所以明白只有不断地进取，懂得体贴和温柔，才能活出自己的颜色和滋味，如简·爱对罗彻斯特先生喊出的那句：你以为我贫穷，卑微，矮小而且不漂亮，我就没有灵魂，没有心了吗？这样率真而又有内涵且愿意珍惜，并懂得欣赏的"没女"，其实最受优质男士的青睐，幸福来得更早一些，更久一点儿，似乎也并不奇怪。

　　"没女"并不可怕，把"没"转变成"有"的过程，其实才是最有魅力的过程。对于美女来说，从另外一个角度来看自己的"有"是不是持久的，更有利于完善自己，让自己有一个真正蜕变的过程，幸福自然也就能不期而遇了。

安定下来，才是最好的情话

隔壁梅小姐又和她老公董先生吵架了，声音尖锐得穿透了本就不太隔音的墙壁，想不听见都不行。

梅小姐和董先生结婚8年，按理说，应该是已经过了磨合期，梅小姐和董先生的吵架频率如刚进入磨合期的小夫妻那般有激情，两天一小吵，三天一大吵。

这次吵架是为了钱，董先生想拿钱去作投资，对于男人来说，这跟吃饭喝水一样理所当然，可是梅小姐怎么都不让。

董先生很恼火，这是一个很好的机会呀，不抓住就错过了，错过了就再也没有了！

但在梅小姐看来，男人的嘴里总是说有机会的，昨天一个机会溜走了，明天一个机会又来了，哪一个都不想错过，哪一个都有可能使自己成为下一个成功者。可是活了几十年，却仍然是在仰望下一个成功者。

于是，梅小姐牙尖嘴利地回道："但凡，你成功一次给我看看，要不，你还是让我们母子的生活更安稳一些吧……"说了很多，最后得出的结论是，董先生根本就不是投资和创业型的人，还是老老实实地挣点儿工资，赚钱养家糊口才是真理。这样，也许还能混个百年好合。

董先生很不高兴，说梅小姐看不起他，而且还不懂他，他只不过是想让梅小姐和孩子过上幸福的日子，他都是为了她。又觉得自己的命不好，如果那些成功者的老婆如梅小姐这样，肯定也没有能让人仰望的成功创业者了。

然后，董先生问："我都是为了你，我有错吗？"这一句让一直情绪有些激动的梅小姐忽然冷静下来，她声音冷淡："你能够安定下来，对于我来说才是最幸福的事，否则……"否则怎样，还是自己去体会吧，女人平时什么狠话都说得出来，但真的心死后，反而说不出什么太厉害的话。

从那之后，隔壁陷入了深深的寂静中。但隔着墙壁，也能感受得到两个人对彼此的失望。

没有人知道梅小姐和董先生最后是怎么处理这件事的，投资有没有成，但对于梅小姐的说法却颇为耳熟，似乎说出了许多女人的心声。女人在婚前的时候，可能会还有些奇思妙想，但是一旦走进婚姻，再多的渴望，也抵不过"安定"两个字。

许久以前，同事叶妞也说过类似的话，她说，如果一个女人深爱那个男人，那么对于她来说，安定便比什么都重要，因为爱，所以想到的便是一辈子，而能保证两人能够长相厮守的基础，唯有安定的生活。

叶妞和男友恋爱了5年，从青春飞扬，到不自觉就跨入大龄女青年的行列，都是和男友在一起的。叶妞心有不甘，自己明明有男友，怎么却成了一名大龄女青年，她老早就觉得已经水到渠成，两人工作稳定，感情到位，有房有车，接下来无非就是结婚，然后生个宝宝安稳地过日子。可是男友却一拖再拖，拖得叶妞都不知道他究竟要等什么。直到某一天，叶妞下了最后通牒：如果不结婚，就分手！

对于叶妞来说，现在最反感的便是一个"熬"字，好好的一个女孩子，为什么要熬日子？还有大把的美好时光在等着自己呢。

男友不以为然，以为叶妞只是闹闹小女孩儿脾气，过几天就好。可，当他发现给叶妞的电话再也打不通的时候，心里有些急了，才知道叶妞是来真的了，顿时慌了神。其实，男友并非不喜欢叶妞，只是觉得他们还年轻，还有无限可能，因此不想太早背上家庭的负担。

叶妞说："对于一个女人来说，安定下来，才是最好的生活。"换而言之，你可以有你自己的选择，但很抱歉，我不会等你。一句话让男友想了3天，终于当众向她求婚。

安定，是一种尘埃落定的幸福，女人可以为了这两个字洗净铅华，洗手做羹汤，因为再强大的女人也希望有个依靠，而这个依靠不是倾城时的相依相偎，而是烟火人生里的岁月静好，是在一回首处便可以看见对方的相守。如《欢乐颂》中，从来都不认为吃饭很重要的安迪，在确认自己爱上了奇点后，第一个想法竟然是：回家做饭！

两个人在一起，才有家，才需要用烟火去熏染它！

因此，当许多男孩子想尽心思获得女孩儿垂青，其实不用这么麻烦，最简单的莫过于求婚，即使她不答应，也要让她知道，总有一个人、一个肩膀在等着她，有一个家门在向她敞开，不管最后能不能成，于自己没有遗憾，于她是一辈子的回忆。所以在日本电视剧《第101次求婚》中，长相颇不体面的星野达郎可以被漂亮的大提琴手矢吹薰接受，因为他可以给她一个安定的幸福。

最让人遗憾的是，许多已婚的男人，为了事业而忽略了家庭，明明是值得理解的，却偏偏要以给女人一个幸福的家作为借口，使原本打算以理解为上的妻子大为恼火，她需要的明明是一个安定的生活，他却以为她要的其实是钱。她明明是压抑自己最深的渴望来支持你的事业，你却要把这样的一份压力放在她的身上。

钱，现在的女人自己也可以挣，而安定，却是女人通过各种形式、毕生所追求的安全感！

别去寻找不爱的证据

结婚快 10 年了，孩子都上小学了。可随着结婚纪念日的临近，这么些年的日子，就像放电影似的，一幕一幕地在宝景的脑海里浮现出来，然后，得出一个结论，家里那个被称之为老公的男人，其实是不爱自己的。宝景的老公在认识她之前，有一个很漂亮的女友，因为种种原因而不得已而分手了，这让宝景心里似乎一直有一根刺在扎着一般。

要宝景说老公有什么不好，也说不出来，一年难得出一次差，平时，每天都会回家，也没有什么频繁可疑的电话和短信，他穿的、用的、吃的全都是她来打理的。但宝景就是断定，他不够爱自己，至于为什么，说不上来。但不都说了吗，女人的第六感是非常灵的，她相信自己的第六感，可总归还是缺乏证据，虽然她也不清楚，为什么一定要寻找这个证据。

终于在那天，宝景听到老公的一个老同学在闲聊时说起，当初他读大学的时候，曾经请暗恋的女生去湖畔餐厅吃饭。宝景脸上笑着，但在心里却有一种恍然大悟般的心痛。原来是在这里，原来是这个原因！

湖畔餐厅，顾名思义，在湖边，档次颇高，城中著名的高消费场所。每次路过，宝景也只是在门口瞟上几眼，从来没想过要进去，那不是他们这个阶层的人该进的地方。据说，一顿饭够他们家半个月的生活费。老公也说，其实小区旁边的烧烤摊更好吃。宝景也因此认为烟火的日子更适合婚姻。

只是怎么也没想到，在结婚快 10 年的时候，听说他不但去过那家高档的餐厅，还请别的女孩儿去吃过饭时，宝景伤心地想流泪。那些"烟火幸福论"根本就安慰不了自己，她一直在想，自己是不是不值得他请自己去吃一顿饭？

回到家，宝景故意说，周末可不可以去湖畔餐厅吃饭？老公听了她的话，不觉一愣，拿着手中咬了一半的苹果对她说，你知道吗？吃一顿饭，够吃咱们家三口人吃一年的苹果了。

那苹果红彤彤的，宝景也曾经打过这类似许多的比方，结婚纪念日没有鲜花，这没什么，一捧花够儿子在学校一个月的伙伴费了；过生日没礼物，这没什么，自己什么都不缺，夫妻俩不讲究这个形式；平时从来不说"我爱你"，不说就不说，爱又不是说出来的……可现在，宝景却觉得，不爱却是说出来的。如，一餐饭抵得上一年的苹果了，这不是不爱，又是什么呢？当年，他对着另外一个女孩，怎么就不这样想?

宝景的怀疑落了地,本该一个石头砸下了坑,可偏偏她觉得空落落的。翻着日历,还有 10 天就结婚 10 年了,老公还像往常一样上班、下班,看电视和陪儿子玩,看上去很温馨。

宝景呆呆地坐在沙发上,脑子里又开始放电影,这么多年了,除了第一年,在她的多次提示下,他买过一束红玫瑰,此后每一年她都是自己给自己买礼物,第二年是一个手镯,第三年是一条连衣裙,第四年……而他总是因为这样或那样的原因忘记,或者错过。

这不是不爱,又是什么?

有人说,幸福与否要看细节!那细节如何呢?宝景继续双手捂住眼睛:她累的时候,他照样坐在沙发上当大爷;她愁的时候,他从来没有安慰;她病的时候,他比她更默默无声……这些,这不是不爱,又是什么?

既然不爱,不如就离婚吧!可这个念头一出,却心如刀绞。原来,即使他不爱,自己却还在爱着。宝景恨自己的不争气。

宝景找不到出路,只得跑去问好友,为什么在一起生活这么多年,自己也尽心尽力,他就是不爱自己。好友总有耐心听她的那些乱七八糟的心事,可好友又是那么温婉幸福的一个女人,因此,她总是不愿意去打扰她。可这一次,不一样。

这一次,果真不一样。听了宝景种种诉说,好友却问:"你为什么老是要去寻找他不爱你的证据?"她愣了一下,顿时觉得委屈,自己寻找与否,那些证据难道不就是在那里的吗?又不是不找,便不存在。

"这个世界上没有完美的人，没有谁能做得让人无可挑剔，但别把这些当成不爱的理由。"好友握住了她的手轻轻地说，你认为他不爱你，所以你看到的便是他的各种不爱，如果你认为他爱你，你也会看到他的各种爱。

宝景一脸地不信，爱和不爱哪里是由着自己的心的。可好友却让她试试，不用太久，7天即可。

带着这个设想，宝景回了家，并时刻提醒自己，老公是爱着自己的。于是累了的时候，宝景靠在他的肩头撒娇："有个肩膀让人靠的感觉真好！"没想到，他竟会伸出手臂来圈住她，说这样会更舒服些。烦的时候，宝景把锅碗瓢盆一扔，要去餐厅吃饭，且绝不吃路边摊，他竟费了大半天的劲儿，团购了一家物美价廉的餐厅；病了，宝景不再故作坚强，也不等着他主动来表现，而是要吃药，要喝水，要他陪，他每一样都会殷勤地应着……渐渐地，宝景也品味出了幸福的味道，觉得自己也是在被爱中。

7天后，正好结婚十周年纪念日，老公还是没有任何表示。宝景忍不住问："你爱我吗？没觉得我很不讲理吗？"据说，男人挺烦女人问爱或不爱的，可他却愉快地回答道："我当然爱你，只要你总这么开心，怎样都好！"

那一刻，宝景悔意顿生，知道自己错过了什么，这么多年的时光，她一直在怀疑他有没有真正地爱过自己，她一直在寻找他不爱自己的证据。尽管宝景在想，如果找不到证据，就证明他是爱自己的。可生活中有阳光便会有阴影，你站在阴影里，怎么可能看不到阴影。宝景有一种劫后余生的庆幸，如果自己还活在过去那种"寻找不爱的证据"的日子里，现在的幸福和快乐，还会有吗？当然不会！

许多人都不是像一张白纸一般走进婚姻，但许多事发生在昨天，而昨天已经过去了，那些可能存在，也可能不存在的事都已经过去了，又何必为了那些来证明现在的生活。最重要的是，要从今天、从现在起让自己幸福，不是吗？如果要找，倒不如去寻找让自己幸福的证据，站在阳光里，身体和生活才会更暖一些。

老公不是解谜卡

看电视的时候，最让女人怦然心动的一幕便是，那个男人特别温暖体贴，自己想的他都了解，自己想要的他都提前预备好。可是电视一关，大多数的女人都能在瞬间回到现实，这样的一幕只有可能在电视上出现。生活中，大多数人只能"呵呵"一笑，去期待那个无异于给自己找不自在的呢。

莫林便不去找这样的不自在，"三八节"那天老公打来电话，问她有没有想要的礼物，莫林很大方地回道，"你给我送一捧花就好了，要那种粉红色的小玫瑰。"电话那边笑她矫情，都老夫老妻了还要送花，不当吃不当喝的。莫林笑着回："可我就是喜欢花呀，哪怕到了80岁，你也得送。"而且，还能美化居室环境，他那边只得应了，笑声大得都快穿破了手机，连这边的人都听见了。

挂断电话，刚进单位的实习生正值青春，对一切都有着最美好的憧憬，她忍不住问莫林："姐，您为什么向姐夫要礼物啊？"尤其把"要"字说得极重。对于年轻的姑娘来说，男人主动送，这才叫诚意，这才叫爱。自己去要的，太跌份了，就算是送一栋别墅、限量版的珠宝，恐怕也叫人心里反感。

莫林却笑了，自己也年轻过，用自己年轻时的状态来看待现在的自己，也是难以理解，甚至以为是"堕落"，怎么结了婚的女人就变得这么地……没情调了，或者俗了呢？礼物是一定要别人送的，自己要的还叫礼物吗？没有惊喜的礼物，能叫礼物吗？

曾经在刚结婚的时候，莫林也是这样想的，而老公也很配合。只是渐渐地莫林发现，老公买的许多礼物大多不合她的心意，如她明明想要一条围巾，他却买了一枚发夹，还挺贵！当时她很想冲着他吼一嗓子：你哪只眼睛看得出我的头发是需要夹发夹的？那只发夹的钱，都够她买件不错的衣服了。可是，莫林不是那么不理智的人，浪费钱又浪费感情的事不能做，所以她还得故作惊喜。一次两次，次数多了便真的觉得挺累。

于是，莫林心里开始有抱怨，怎么在一起这么多年，你还是不了解我的喜好呢？可这时候，老公送的礼物也越来越敷衍，再粗心，也看得出来，他的礼物她很少用，那只她生日时送的银手镯不小心翻出来的时候，已经氧化成了黑手镯。这样，彼此间倒不用再玩猜谜游戏了，可关系也越来越平淡，或者叫，冷淡！

终于，莫林发现婚姻如同一泓湖水，还是需要微风吹起一些波澜才更美丽。左思右想，决定还是从礼物开始，不同的是，莫林开始找老公要礼物。过生日，她会光着脖子对老公撒娇："这么好看的脖子却空空如也，是不是需要一条项链呢？"升职了，也会给老公发短信："有这么一个能干的老婆，难道你不想去餐厅庆祝一吗？"结婚纪念日，她也会在老公耳边道："若干年前的今天，看着你拿着玫瑰来迎亲，我好幸福，你幸福吗……现在呢……是不是也用花来表示一下？"

事实证明，老公当不好解谜卡，但"量身订购"还真的挺不错，而且次数多了，偶尔也还懂得翻翻新，买项链也知道挑一下款式，订餐厅也懂得去找湖边有情调的，玫瑰花一定要是珍珠玫瑰……可旁人听了却更加不解，皱着眉间："结婚这么多年，他都不知道你喜欢什么，你难道不生气吗？"

莫林不生气，爱情总比人们想象得更美好，可婚姻却总在想象之外。

谁谈恋爱的时候不是想着，那个男人能像言情小说里写的那样，仿佛不吃、不喝、不用工作，整天就围着自己转，微微皱个眉都要让他心疼好久。可这样的小说或剧本，往往终结在举行婚礼的那一刻，至于婚礼之后，那便又是另外一个篇章了。不是说婚姻不美好，而是婚姻是有别于恋爱期的另外一个阶段，恋爱的时候你可以不管不顾，只要爱着就行，可是进入了婚姻，那就叫不负责任。

婚姻是一个一地鸡毛，但也让你甘心去收拾鸡血的阶段。

莫林还记得有一次去逛街，在一家女鞋店里一对夫妻来退换鞋，妻子不断地抱怨，说鞋子不适合自己的气质，还大了一码，这究竟是送礼物讨自己开心，还是来气自己的。那老公终于忍不住了皱眉道："我又不是解谜卡，哪儿知道这么多？"出了门，夫妻子的脸各自侧向另一边，那时她便想，无论如何，也不能让婚姻走到这一步。

女人们总以为，一个男人如果爱自己，就一定会千方百计地打探自己的喜好，了解自己的脾气和性格，只是刚恋爱的时候或许会如此，但是婚后真的不一样。因此，有些女人会很愤慨，把自己骗到手了，就不管了是吧？其实这还真不是骗，那一刻他的付出是真心的，但这一刻，他的敷衍也不是故意的。婚后两个人要承担的东西太多，有家人要照顾，有工作要努力，有日子要打理，这时候要求老公还像个解谜卡一般了解自己的种种需求与喜好，明显是不合时宜的。

不合时宜的婚姻，比不合时宜的爱情还要可怕。毕竟，婚姻是签有"契约"的，一旦毁约，所伤害的将不仅仅是婚姻里的两个人。

每一个人都有自己的梦，男人的梦是鲜衣怒马红袍游街，而女人则期待永远被放在掌心里好好珍爱，只是既然是梦，最好让它永远地睡在梦里为好，否则便是给自己上了一道枷锁。况且，与相爱的人在一起，哪一天不特别呢？老公对自己不够了解，自己就主动去让他了解。不应该因不够了解就去判定爱与关心。

　　幸福的日子是一天又一天过出来的，是生病时的一声问候，是过马路时情不自禁的牵手，是晨起时的一个微笑，而不在于他是不是一张解谜卡、懂不懂你的心思。毕竟，女人的心意总是在变换中的。换位思考一下，当我们这样要求对方的时候，自己又能否做到呢？

整理好自己，幸福就会来

　　同学出差，要路过自己的城市，雨新订好了餐厅，然后赶到火车站去接同学，可是同学却说想去她家看看。

　　雨新一时无言，同学是大学时的室友，两人一度关系好得像孪生姐妹。虽然说毕业后各奔东西，多年未见，但倒也不是说不能领着同学到家里去，可是……想想自己的那个家，她的第一反应却是，怎么也不能让同学过去。

　　雨新也不知道日子怎么过着过着，就成了现在的这个样子，和自己之前想象的优雅精致几乎背道而驰。不禁如此，还总觉得疲惫不堪，有的时候雨新忍不住想，如果重新买一个房子，是不是就能够重新开始。可最终，雨新还是懂得，生活质量其实和房子无关。

　　最后，还是将同学安排在了酒店，吃完饭后，又将同学送到了房间。两人聊天的时候，同学便开始整理行李，一样一样地都放得整整齐齐的，连化妆品都像在家里一样，小瓶放在前面，大罐放在后面。"你这性格还是那样仔细。"雨新这样说着，可心里却不以为然，为人这么仔细，累不累呢？现在，许多事情，雨新都会去想，累不累呢？而往往更多的回答，都是一个字——累！

同学笑了："习惯了，我习惯了走到哪儿把自己整理好。"整理自己？雨新还是第一次听到这个词，真新鲜！见同学有些疲惫了，她便适时地告辞回家，可是走到自己家的楼下，却有些不大愿意进去。

家里的样子，就像是已经洗出来的照片似的，定格在雨新的脑海里了。桌子上满是东西，沙发上有老公的衣服、儿子的玩具、自己的书，还会有一些莫名的纸屑或糕饼渣子。她收拾过，可是没几天又一样，她便不想动了。

进了电梯，雨新有些不敢相信镜子里那个面色晦暗的女人是自己。到底是哪里出了错？为了见同学，雨新去做了美发，买了新衣服。可是这会儿看着电梯镜子里的自己，却是满身的烟火色，而同学，还如年轻时那般如空谷幽兰，甚至更有气质，她周身散发一股成熟的韵味。和同学待一起的这段时间里，同学的老公打来两次电话，每次在那边都是和儿子抢着与同学说话，每次都是同学玩笑着先挂断电话……差距瞬间就这样拉开，如一条鸿沟般，让完全没有准备的她感觉到了撕裂般的痛。

回到家，雨新开始疯狂地收拾家务，一边收拾一边想，凭什么我的家里就这么乱，凭什么我老公话都不大愿意跟我说，凭什么我儿子一听说我出差，就露出期待的眼神……一直到她想起同学说的那句"我习惯了整理好自己"时，才停了下来，也明白了自己真的没有整理过自己。

从工作上的随波逐流到生活上的随遇而安，雨新把自己从一朵小葱兰过成了灰扑扑的塑料花。外表看着光鲜，只有自己知道自己有多么无趣，多么呆板。书，在书柜上，其实是在灰尘里打滚，她从来没有看，也没有想起要掸灰。电脑一直是看电影用的，手机是聊天的，她不知道自己到底在哪里，难怪儿子有难题从来不会问她，难怪老公升职了自己都不知道，自己都找不到自己，他们怎么找呢？

雨新开始强迫自己看书，却没想到竟能沉迷其中，直到被一个声音惊到："我这是走错了门吗？"是老公！因为是周末，他带着儿子打球去了。一个小脑袋从后面探了出来："天啊！妈妈，你竟然在看书？"她很想问一句，怎么我就不能看书？可随之而来的却是沮丧，为自己之前浪费掉的时光而沮丧，为自己在儿子心目中的形象而沮丧。

其实，时光一直是自己错过的，不幸福的生活也是自己把它过成了那个样子。

雨新给自己定了一个计划，一周至少看一本书，家里的书看完了，便去图书馆借。忙得没时间跑图书馆，便在网上买书，至少，她要让书时刻在自己眼前和手边，时刻可以拿起来。

还有那些衣服，两年没穿过的便叠好放到垃圾箱旁边，或者送到衣物回收站去，或许有人用得着。扔掉了旧衣服，改变过去的自己，一切都是新的了。甚至，她报名了网络培训学国画，那是她儿时的梦想。

雨新的生活依旧忙碌，人到中年，各种情况都不允许她停下，但她却不焦躁，是忙而有序，且精神抖擞。她不知道这样算不算把自己整理好了，但却知道，赋予自己一些能力，学习的能力、管理的能力或者某种技艺的能力，总有那一天，她会懂得自己，也知道该怎样整理自己。在此之前，雨新不再刻意插手老公和儿子的生活，只在他们有需求的时候给出自己的建议。

一段时间后雨新发现，没有了自己的催促，生活并没有什么改变，家里没有变成垃圾场，儿子的作业每天也完成了……结婚10年，本以为生活渐渐平淡，可却在她自己发生了变化之后，生活的一切都发生了变化，她不再抱怨老公，他却对她越来越关爱，她不再催促儿子写作业，但是儿子反而经常向她要表扬，因为他作业总是提前完在，他考试排名一直靠前，他参加科学竞赛也拿了奖……他说，我很优秀哦，妈妈！

那天，雨新不经意间路过一家橱窗，无意中瞥了一眼，发现镜子里的女人竟然笑得很是温婉，连四周的景物都因此而显得柔和。她不禁一愣，原来现在的自己是这样的状态。看着眼前的人来人往，她非常确信现在的自己是不一样的，就像一株植物，她是向上生长的。

正发着呆，却接到老公的电话，他说在朋友圈里看到凤凰山的

桃花都开了，想周末带她和儿子一起去玩，问她有没有时间。雨新
当然要去，笑着答应了，那久违的幸福感，在那一刻，像潮水一般
涌过来。

如果爱，就别老念叨他的缺点

"离婚？"当宇萱喊出这句话的时候，都觉得这两个字的意思，是不是和"笑话"是同义词。要不，他怎么会说出这样的话来？

但即使是笑话，宇萱也不认为他可以跟自己开这样的玩笑。日子过得好好的，离什么婚？真是神经病！在宇萱看来，老公什么都比不上自己，不论年龄、学历、工作，或者是家世，每一样都比自己差上一大截，他凭什么要离婚？想都不应该想，难道他还能找着比自己更好的人？宇萱很自信地认为，这是不可能的事！

原以为老公只是一时冲动，这个男人在宇萱看来很幼稚，总也长不大，做些冲动的事情也是能够理解并原谅的。可是宇萱的大度并没有得到应有的回报，老公的态度很坚决，甚至已经开始收拾衣物，如果宇萱不答应，他就离开这个家。老公如此决绝的行为，对于宇萱不仅仅是一种莫名的打击，更是对她长进骨子里的自信，给予了最彻底的摧毁。

如果真的离了，宇萱会否定自己的一切，毕竟在哪方面都不如自己的人都要离开自己，以后还有谁会在意自己？一向骄傲的宇萱顿时有些迷茫，难道自己很差劲吗？

宇萱窝在闺密家里，叙述着那些已经说过千百遍的事，以这千百遍的唠叨，来证明老公的狼心狗肺和不懂珍惜。

关于老公的种种不好实在是太多了，宇萱随口都能说出几个来，如他的工资低，低到根本就养不了家，她的一个包都顶上他好几个月的薪水，但自己都没有嫌弃他；比如他有多粗心，从来都不记得她的生日，每年都要她提醒，但她都没有嫌弃他；比如他妈的嘴有多唠叨，成天唠叨她不爱收拾、懒、爱花钱，可是她又没花他妈一分钱，至于吗？即便这样，她都没有嫌弃他；比如他有那么多的缺点，抽烟、不上进、不浪漫，声音也不好听……这么多的缺点，自己都没有嫌弃他。"他凭什么和我离婚？"宇萱愤怒地问闺密，他还要自己怎么做？他怎么那么贪心呢？

"他那么不懂得珍惜，不就是个渣男？你为什么要忍受？早该离了！"闺密似乎已经忍了很久，"你结婚多少年就念叨多少他的坏，我都替你累得慌，而且你不是说过，这样的男人你可以找100个吗？还个个都比他强。"

这话，宇萱听着挺耳熟，似乎说过。只是，离婚？她从来没有想过，那不过就是随口一说的气话，是当不得真的啊。

"我……"宇萱想提醒闺密的立场，不是说"宁拆一座庙，不毁一门亲"嘛，哪有赞同别人离婚的呢？何况她根本就没想过要离，否则也不至于这么生气。可她的话还没说出来，闺密却在掰着手指将他的缺点数了一圈，那都是她说过的话，最后还补了一句："这样的男人，你还要他干嘛？他要离便离嘛！"

"他……没你说得那么差。"闺密的话让宇萱有些恼怒，老公再不好，可是那也只能自己说。何况这些缺点，别人不一定就没有，和许多男人比起来，他的优点其实也挺多的，只是自己不愿意说，因为不想让他得意。说到底，自己还是爱他的。

宇萱开始替老公辩解，他虽然工资不高，但是挺努力的，从不迟到早退；他虽然很粗心，但是却一点儿都不小气，总是尽力地给自己买最好的东西；婆婆虽然嘴唠叨，可是她却任劳任怨地帮自己操持家务；他虽然有很多坏毛病，可原则性很强，即使是他现在要和自己离婚，她仍然相信他绝对不会做对不起自己的事情。

"这些你从来都没有说过，这真的是同一个人吗？"闺密一副难以接受的样子，"渣男"突然变"男神"，这画风的转变不是一般人能够接受的。

闺密恪守朋友之间的交往法则，只与宇萱有来往，虽说和宇萱老公相识，却不是很了解。自从宇萱结婚以来，耳朵里只听到抱怨，极少听到她称赞他。只是在结婚的时候，闺密看到那个男人站在宇萱旁边，那样一种姿势便是一种担当，只是宇萱太过于高傲，从来不懂得珍惜。

"你现在又觉得他好了吗？"闺密笑了，"即使你的维护是一种无可奈何，即使你之前的抱怨都是真的，可如果他婚前就是这样，是你眼光不好，你得认，如果他婚后变成这样，你是不是也有责任？你更得认！"

闺密一语点醒了宇萱：认，就是不要抱怨，不要责备，以接受的姿态去过往后的日子。

"可是我只在你面前说啊。"宇萱不觉得这个有什么不对的，和闺密在一起不是应该什么都说的嘛。可闺密却摇头："你的情绪会出卖你的想法。"东边日出西边雨那只能是自然现象，一个人怎么可能在这边抱怨他的不好，回家却又表达对他的欣赏？

没有人会喜欢一个只看到自己缺点的人，即使他真的很差劲，也不愿意被人时时提醒自己的无能为力，这不仅仅是一种打击，更是一种羞辱。最可怕的是，许多女人把羞辱当成是鼓励。

"如果爱一个人，就别老念叨他的坏，为了他，也为了你自己。"闺密看了宇萱一眼，又道，"何况，爱一个浑身都是缺点的人，是很累的事。"

是的，没错！宇萱忽然很想哭，正因为她爱得很累，正因为她觉得委屈，所以才对他提出离婚那么地愤慨。到头来，竟是自己错了。爱一个浑身是缺点的人，是一件很累人的事。其实宇萱知道，很多的时候，她还是会为老公的各种好而窃喜，只是她压抑着不说出来，怕他骄傲，而不珍惜自己。但她却忘了，即使一个价值连城的珠宝，老是撞向自己的胸口，也不会让人想要去珍惜。

　　爱一个人，不要老是念叨他的缺点，要让他知道，在你的心里，他有多好。没有人愿意离开真正欣赏他的人，朋友之间还讲究一个互相理解，何况是夫妻这么亲密的关系。

别在婚姻里被"闲置"

淑仪和老公相识于大学，都是名校高才生，又都顽强自律、勤奋好学，两人在读大学时便惺惺相惜又彼此欣赏，于是顺理成章地恋爱结婚。婚后，又一起走过事业的创业期，多少辛苦不言而喻，经过几年的打拼，一切都真正地稳定下来。淑仪这时候才开始关注到家庭，于是她将公司的一切都交给了老公，自己转身开始打理他们的家。孩子出生后，淑仪更是什么都不管，每天花许多时间和孩子在一起，孩子的成长，于她来说很重要。

本以为这是自己梦想中的生活，没有负担，公婆慈爱，老公勤奋实在，儿子活泼。淑仪一心一意过自己想象中幸福的日子，养花种草，带儿子玩耍，甚至还想着要不要报一个国画班，画画一直都是她的爱好，等到儿子会拿笔的时候，自己还可以教他，想想便是很不错的亲子活动。直到那一天，淑仪带儿子去游乐场，路过自己家的公司，突然心里一动，便下了车。

原本只是想让宝宝感受一下自家的企业氛围，何况这家公司也有自己的一份功劳，也是她内心深处不为人知的骄傲和自豪，淑仪忘不了最初创业时的艰辛，也忘不了第一次成功时的欢欣鼓舞，其实，她很喜欢在职场上的感觉，那样肆意飞扬的感觉是在家里体会不到的。可是，当淑仪站在宽敞的办公区入口时，却忽然觉得自己很渺小。渺小到似乎没有进去的勇气。

"请问您有什么事吗？"一位女员工走过来问她，短短的几个字，恰到好处的微笑和语气，却让淑仪感受到了一种莫名的高高在上。曾经自己也是如此，可是现在却是一个时而轻声软语地哄孩子，时而又被儿子的淘气逼得暴跳如雷的普通妇女。

其实淑仪知道，一个职场女白领，面对着一个带着孩子，不可能是公司客户的中年妇女，有着这样的客气，已经是公司员工素质最好的体现了。何况，淑仪也并没有名牌儿加身，气场逼人，只是这种俯视的客气，并不是她想要的。

"我找你们董事长。"淑仪尽量让自己温柔一些、自然一些、大方一些，可只有自己知道，她在嘲笑自己，嘲笑中又伴着酸涩。后来有相识的老同事见到她，赶紧过来打招呼，女员工这才知道了她的真实身份，立即笑逐颜开地道歉且说："您真是命好，有钱有闲，真是幸福！"然后便忙活去了。

女员工随口的恭维，却让淑仪心里掀起了微澜。之前，她也觉得自己是幸福的，也相信她是许多人羡慕的对象，但这一刻，淑仪却对此产生了怀疑。

她被请进他的办公室，但接下来却是久久的冷落。老公不是故意的，只是工作太忙，一个电话接一个电话地打，一份文件接一份文件地签字，忙到只能冲她抱歉地笑笑，忙到才一张口，手机或者座机便响了。

趁老公终于停下来的间隙，淑仪问："有什么需要我帮忙的吗？"老公一愣，笑了笑，温和地说："不用了，我自己就可以。"淑仪也笑，但心里却明白，不是他看不起自己，而是他的事业自己已经接不上手了。曾几何时，他说，如果没有你，我的"王国"哪会有这么大。

回家的途中，老公道歉，说因为有个项目正在关键招标期，实在是太忙了，等闲着了的时候，会陪她和孩子出去玩几天。淑仪当然理解，自己曾经也是职场中人，可是脑子里却不时地冒出女员工的那句"您真是命好，有钱有闲"。

有钱，有闲！钱的确是有，可是这"闲"，究竟是悠闲，还是闲置？自己何时成为了需要男人挤出时间来陪的人。淑仪悄悄地打量了一下身边的男人，公司现在都是他撑着，自是很辛苦，可是眉宇间却是志得意满的肆意飞扬，而自己呢？看看后视镜里的那张脸，她悄悄地捂住了眼睛，那不是自己原本以为的样子。

"如果累的话，就再请个保姆吧。"老公说。他是个憨厚的人，挣钱不就是为了让家里人过得更舒服些吗，却没想到这叫她的心里更是微澜四起，原来不仅仅在职场上，在家里，自己也是可以被取代的。

深深地吸了一口气，淑仪语气坚定："我想出去工作，不管是在自己的企业，还是去外面，或者再一次创业。"她说得很真诚，不是为了监督他，不是为了和他并驾齐驱，不是不甘心在家里做贤妻良母，而是不想被"闲置"，成为这个家里的一个摆设。一个摆设的命运，要不就是悲惨地碎掉，要不就是成为古董。即使成为古董，那又如何？也不过是放在那里，等着它蒙尘罢了。

重新出发，淑仪经过详细地思考，给自己租了半个山头种植花草，她没日没夜地规划山头花园的布局，然后研究花期的分布，第二年，花期初显成效，便引来一大批的游客。淑仪采摘鲜花，制作干花，收集种子，她忙得不亦乐乎，她的山坡花园成为市民郊游的热点。甚至老公谈生意，也会把客户引到这里来，有新鲜的空气和明艳的花卉作陪，成功率要高上许多。

最让淑仪欢喜的是，渐渐地，懂事的儿子跟在自己身后，不用自己费心，便被大自然养成了一个善良细心又观察力极强的孩子。在山坡花园，人们看到了美好的画面是一个男人肩上扛着个可爱的小男孩儿，旁边跟着一个抱着一大捧花的女人，怎么看都只能用"幸福"两个字来诠释。

说起来很美好，可真正的创业期却挺艰难，有人问淑仪："你本不是一个有野心的人，家境又不差，为什么非得创业？"诚然，家里不缺淑仪这一份收入，可是她却缺一份对自己的肯定，她需要忙起来，不是为了证明自己，而是能够在婚姻里，时刻成为一个有"价值"的另一半，在孩子的眼里，成为有"价值"的妈妈，而且这份"价值"将一直升值，而不是被闲置。

唯有他，值得温柔以待

郁佳本是一个性格温柔的女子，读书的时候长裙着身，站在树下便是一幅烟雨淑女图。她和君伟是大学同学，俩人恋爱结婚，不知不觉已经 10 年。同学会上，不少人羡慕他们修成正果，尤其是对君伟，像郁佳这样温柔的女子，可真是少见呢，甚至有人回忆，当年只要看到郁佳红着脸，便知道君伟又做了坏事。

君伟什么也不说，只是笑。

郁佳却再一次脸红了，于是有人起哄：真是恩爱啊，结婚这么多年，还脸红呢！

郁佳脸红，并不是因为害羞，而是她也随着同学们的回忆想起过往。那时候，她还会害羞，懂得体贴，早晨不需要他为自己送餐，生病了自己跑去医务室打针，也从不黏着他……因为知道他家境清苦，学费和生活费都需要自己去挣。她知道，如果爱，就不能随意支取他的时间和精力。

那时候，郁佳什么都为君伟着想。可是，那终究是过往了。过往的意思是，现在的他们，早已不是当年那一对不谙世事的小情侣，他们早已被岁月打磨得失去了最初的样子。

就在参加同学会的前几个小时，郁佳还和君伟还吵了一架呢，还是因为参加同学会的事。君伟的公司离聚会的酒店比较近，因此便打电话问郁佳，问她可不可以自己去。郁佳回道："我当然可以自己去，而且从今往后，所有的聚会我都可以自己去。"这句话背后的意义太复杂了，君伟一时没想明白，便问："什么意思？"郁佳心里更加恼火，真的不知道是什么意思吗？是不是故意的？

其实，郁佳并不是真的认为自己去酒店不方便。如果想省钱可以坐公交，想方便可以叫个出租车到家门口。只是，她不想叫人猜测自己和他之间的关系出现了问题。都是同学，当然要夫妻俩一块儿出现，那样才叫恩爱！可君伟没这么细心，只想着往家跑一趟太折腾。

在郁佳快出门的时候，君伟的车还是到了家，虽然不明白她为什么要这样折腾，可是这么些年了，他知道自己这趟是必须要回的，否则又是一场冷战。婚姻多年，冷战这件事，两人似乎越来越司空见惯了。但，总归是不好的，所以他回来了。

只是在郁佳看来，事情已经发生了。她不懂得男人为什么偏偏要这样折腾，明明是可以做到的事，偏不让你一帆风顺，偏不能多一点体贴和用心。如今天这件事，如果君伟不打那个电话，直接回来接她，那将是一个非常美好的夜晚。可是为什么他偏偏要这样多此一举呢？郁佳早就分析过，是爱少了、情浅了，所以生活也就敷衍了。

两人一路沉默。

期间，君伟不自觉地叹了一口气，郁佳立即像弹簧般弹了起来："你叹什么气？觉得日子很难熬吗？"君伟突然一愣，不说是，但也不说不是。于是就这么一路僵持着，到了酒店，才不约而同地换上笑脸，如同戴了一个面具般。

此刻，听着同学们的各种羡慕，郁佳相信他们是认真的，都是走进婚姻多年的人，都明白"婚姻"是个磨人的老妖精，让你爱不起，却又不敢丢，而且还把婚姻中的两个人折腾得物是人非。于是戴上面具的君伟，便成为了羡慕的对象，而郁佳，则面临着诸多的欣赏。

"我说你们也真是的，他们是夫妻，她不对他温柔，该对谁温柔？"一个在学校时便和郁佳关系不错的女同学笑着帮她回应，女同学也以为她是因为害羞，所以脸红。

不对他温柔，该对谁温柔？！

一句话重重地击中了郁佳，瞬间恍然，多年的爱人成了亲人，所以许多时候，她都忽略了旁边的这个男人，其实他是最值得自己温柔以待的人。

还记得两人准备结婚的时候，因为君伟家境不好，自己的父母怎么也不同意他们在一起，于是两人裸婚。因为没房子，所以一年要搬几次家，但每一次他都极用心地去打理，几个水果一把野花都是装饰，他说："有你住的地方，当然不能随便！"这样的男人，其实值得温柔以待！

有一次，郁佳不小心崴了脚，君伟便每天将她抱下来，然后又抱上去。那时他们租住在五楼，因为便宜。郁佳说自己可以待在家里，看看书看看电视一天的时间很快就过去了，他却说："听说一个人在同一个地方待久了，会抑郁！"这样的男人，值得温柔以待！

生孩子时，君伟正在外地出差，但接到电话之后，他硬是立即返回来了。那时候他们还很穷，郁佳有些心疼差旅费，是平时工资的三倍多呢！于是，她说："你回来又帮不了什么忙。"他回："我不想在千里之外担心你。"这样的男人，值得温柔以待！

后来，郁佳的母亲生病，她在医院里整日照料，君伟便在家里炖汤料送过去，早一餐晚一顿，两个月一天都不落。老人家出院的时候，比住院的时候脸色还要红润，只说了一句："以后常回家！"这样的男人，值得温柔以待！

……

同学会结束，上了车，郁佳和君伟同时道："对不起……"继而相视一笑，似乎又回到了最初……最初，他们想的都是：让他（她）更幸福！

自此，在婚姻里转了10年，郁佳沉静了下来，温柔依旧。只是和10年前的那个女孩儿，又有些不一样，她不再是当初从骨子里柔情似水，一心盼着被人守护的女孩儿，因为她如今有了自己要守护的人，没有时间也没有空间对其他人都施以柔情。她只是懂得了选择与取舍，明白作为女人，有人将温柔当成武器，有人将温柔当成工具，而她则是因为爱，因为身边拥有值得温柔以待的人。

因为他，自己才拥有了一个可以包容她随时撒娇扮痴肆意而为的家。

拥有一颗时刻爱着的心

丹晴是圈里最幸福的人。

作为已过而立之年的女人来说，幸福无非就是老公体贴，孩子懂事，父母身体健康。关于孩子和父母，大家都很容易认命，偏老公这一项，总让人很容易愤愤不平，这不是天生的，这是自己找的。可怎么别人就那么会找，自己却找了一个处处都看不顺眼的家伙。

丹晴把日子过得很仔细，父母、公婆、老公和孩子的生日，每一个人她都好生张罗，送上一份礼物，并不贵重，但总能让收的人明白她的心意。逢年过节的，一个电话几句问候，丹晴也是少不了的，更遑论平日里的细心体贴。就这样，丹晴把日子经营得一团和气，人见人夸，自己也很是舒心，但也有人问："你凡事想得这么周全，累不累？"

丹晴笑，她知道现在有一种论调，便是要用有效的时间来打造完美的自己，否则以后被抛弃的时候，都不知道该怎么哭。可是丹晴似乎从来没有想过这样的问题。同事有快递，其他人都会被问是不是衣服，如果是的话打开让大家欣赏一下，唯有丹晴的包裹不会有人问，因为她的包裹有许多都是家人的物品。

可丹晴并不觉得累，她说："为自己爱的人做一点事情，怎么会累？"回答得略显矫情，可谁都不觉得她是在敷衍，因为她真的是这样做的，而且做得欢欢喜喜。

当你走过了和岁月有关的山山水水的时候，就会明白，很多事情，当别人认为矫情的时候，其实并不是矫情，而大家都觉得理所当然的时候，却真的是在矫情。

年轻的时候，丹晴也曾经矫情过，总是问老公爱不爱自己。即使老公回答了一百遍，也还是不满足，要去问那一百零一遍。也会有许多要求，恨不得老公把所有的时间都花在自己身上，且认为这难道不是理所当然的吗？书上都说了，当一个男人愿意把自己的时间都给你的时候，才是真正地爱你。一次两次可以，可是日子久了真的不行，一家子人要吃要喝要旅行要看电影，这些都是需要钱的，而钱是要努力工作才能赚来的，工作却需要时间的付出。

老公终于忍不住，问丹晴："那你爱我吗？"丹晴当然点头，不爱，怎么会嫁呢？她认为老公的这个问题问得太幼稚，可却没想过自己问了他多少次。

只是老公这一次却似乎要说个明白，他摇头："我不认为你是爱我的。"如果爱，为什么总要怀疑他会变心；如果爱，为什么不给他一个空间发展自己的事业；如果爱，怎么自己却一点儿都没有感觉到？"我是你的丈夫，不是你的玩伴。"老公的话有些伤人，但伤完了人，日子还得一样地过，总不能因为这样的口角就离婚吧？纵然在那个时候，丹晴还在想，是因为不爱，所以才会有这些指责吧。

暗地里，丹晴流过很多眼泪。但却又不得不承认，她在这样和微澜中迅速成长。

和老公相处的时候，丹晴总是情不自禁地想起他的那些为什么，于是她也情不自禁地想，真正地去爱一个人会怎样？该怎样去做。

站在爱人的角度，丹晴在想问"你是不是爱我"的时候，学会了闭嘴，只要他没提出分开，就肯定是爱的；她也不会问"我和你妈掉入河中，你先救谁"这样的蠢话，爱他，怎么能够去诅咒他妈和自己？更不会在一个人空虚寂寞的时候，去打扰他，爱他就要把他想象成一个优秀的人，而优秀的人不会有太多的空余时间。为此，丹晴开始拥有自己的圈子，一起阅读、写作、养花种草或旅行。

丹晴不再像以前那样紧张地关注老公的言行，但是却并不开心，她常常半夜醒过来，看到身边躺着个男人，却怎么也想不起来，他是什么时候上床睡觉的。似乎，已经好久没有聊过天了。丹晴暗暗思忖，这样的婚姻，难道就是爱吗？肯定不是，她相信再这样下去，两个人会越走越远。

这时候，老公忽然踢了一下被子，后背露在了外面。丹晴随手过去，就把被子搭上了，不想他竟然醒了，睁着眼问："怎么还没睡呢？"丹晴莫名地回了一句："天太冷了。"长手一揽，老公把丹晴拥进了怀里，又继续睡。那一刻，丹晴似乎觉得有一缕光照进了她原本有些灰暗的婚姻。原来，爱在这里呢！

爱是什么？是一点一滴的关心，是早晨的热乎乎的包子，是午夜里的一碗热汤面，是深夜里的一句"冷不冷"而不是"爱不爱"，是他（她）扔下垃圾，于是她（他）跟在后面收拾的琐碎，是你趴在窗台上看月亮，他却觉得这样容易感冒的"背道而驰"，是他即使半梦半醒之间，仍然会把怕冷的你揽进怀里……如果我们时刻停驻在这样的爱里，爱着别人，或者被爱，又怎能不幸福？而事实是，这样的一份爱本来就是存在着的，只是许多人并没有去发现。

自此，丹晴便让自己拥有一颗时刻爱着的心，任何时候，她都会想着要去爱、去付出，即使没有回应，她也是幸福的，因为有人让自己这样去爱本身就是一种幸福。更何况，男人真的不是如人们所说的那样铁石心肠，他们也会爱、也懂爱，也知道用怎样的深情去回报。或许不够浪漫，不会让所有的人都知道，但他一定会让想爱的那个人知道。

如丹晴过生日，老公发来信息：我点了外卖，香水鱼哦！那一刻，丹晴感受到了一种云过天晴般的幸福，她不喜欢去餐厅，却能坐在温暖的家里，能吃到自己喜欢的香水鱼，这不是幸福又是什么呢？是的，婚后的幸福，便是这些点点滴滴的琐碎，付出这些琐碎，然后收获这些琐碎，便是一辈子。

有一种幸福，叫不忘初心

从闺密回来，馨桐有些不开心。

闺密家新搬了家，新家的地段极好，临湖，从窗口一眼望过去，绿树成荫，碧波粼粼，比公园还清幽。闺密家在一楼，架空的三居室，还带着一个小院，小院东南角是一棵白色的樱花树，西南角是一棵粉色的桃树，篱笆上围着密密匝匝的蔷薇。

馨桐抬头看花的时候，恰好一阵风过，樱花瓣纷纷扬扬地撒满了她一脸。那一刻，真的很美好，即使蔷薇还只是结着花苞！

回到家，馨桐对老公详细地描述闺密家的样子，然后憧憬地说："老公，我们也不比她夫妻俩差，只要我们好好努力，一定可以拥有比她家更好的房子。"可老公却无所谓地笑着说："想想挺好，不过我们家也不错啊。"他是一个安于现状的人，最初结婚的时候没房没车，都觉得挺好。

馨桐环视自家小窝一眼，原本也觉得自己的小家还不错，不都是这么住着的嘛。可是现在跟闺密家一比，便不一样了，除了铺了地板刮了墙面，几乎没有任何特色，连个电视墙都没有。还有衣柜，那时候没钱，都是在网上买的便宜货，闺密家可是请老木匠打的实木家具，说是可以传家的。

据说，一个家的品位代表着主人的档次，馨桐觉得自己的这个家，和品位两个字是完全扯不上关系的。原本挺温馨幸福的家庭氛围，在这一瞬间被焦躁扯得七零八落。

"不行，我不能一辈子都住在这样的房子里。"馨桐的性格雷厉风行，当天晚上，便趴在网上找兼职做。在馨桐快马加鞭式的催促下，老公也找了一份兼职，虽然挣得不多，不过是隔三岔五地塞给馨桐几百块钱，也不大稳定，但她还是很满意，毕竟一切都向好的方向发展。那段时间，馨桐最大的爱好，便是看着银行卡里的数字一点一点地在增加，然后计算着，可以买个卫生间了，可以买个小房间了。

这人啊，果然是要逼的！馨桐感慨，想着还有没有什么方式可以挣钱的，可是还没等到赚到主卧室的时候，便接到了闺密的电话。

电话里，闺密支吾了半天，才告诉馨桐："我最近总是看到你老公在我家附近这边打麻将呢，你……知不知道啊？"和馨桐相熟的人都知道，她最不能接受的便是打麻将和赌博了，当初老公向自己求婚的时候，馨桐没提房和车，而是提了这样一条不能触碰的要求。

馨桐懵了，怎么也不相信老公居然会去打麻将，明知道这是自己最讨厌的。况且，他不是去做兼职去了吗？

晚上，老公一身疲惫地回了家，在馨桐的质问下，他承认了自己真的是去打麻将了，而且还表示给她的那些钱都是打麻将赢来的。"你现在赢了钱，你能保证一辈子不输吗？就算是不输，这钱来得有什么意义呢？"馨桐气哭了，可是老公却说是给她逼的。

"你知道现在兼职工作有多难找吗？个个都是高学历，个个都能一顶三，我去哪儿再找一份兼职？"馨桐长叹了一口气，实在没办法，他只有去打麻将，因为这个不需要学历，不需要门槛，甚至连试用期都不要。

馨桐呆了！

"老婆，咱们不要院子行不行？你想想咱们刚结婚的时候……"老公一边拿纸巾给她擦眼泪，一边深深地叹气。馨桐情不自禁地回想起初婚的时候，他们俩都是父母最小的孩子，最偏爱他们，但也最无能为力，因为等到他们结婚的时候，两边的老人年纪都大了，只剩下"心有余而力不足"这句话。况且，他们都不想啃老，于是干脆裸婚，婚礼只是请大家吃了顿饭，之后二人租房住，一辆二手摩托车便是他们最贵的家当。儿子上幼儿园的时候，两人终于买到这套房，儿子上小学的时候，又买了车，总共不到10年的时间，虽然房子不大、车子不贵，可是生活安定幸福。

想到这儿，馨桐正要开口，却剧烈地咳嗽起来，老公赶紧端来一杯水："感冒了吧？"昨天晚上馨桐工作到后半夜，忘了披衣服。若在平时，老公肯定会给她拿件衣服进去。可是昨晚，他去做那"兼职"了。

小半年的时间，虽然存折上的钱是多了一些，可馨桐知道，她和老公的身体都差了许多。她一走出去便被人说憔悴，客户都让她直接请假请医生调养一下，而老公更是因为做"兼职"弄出颈椎病来。家里以前那种欢乐的氛围更是消失不见，连儿子都待在奶奶家不愿意回来。叹了一口气，馨桐轻声道："是我忘了初心，刚结婚那会儿，我只想着幸福地过日子……"其实现在，馨桐也是想着能幸福地过日子，只是她把幸福的标准拐了一个方向。

找回了初心，馨桐仿佛顿悟了一般。家的品位不是靠装修和地段，而是让家融入主人的性格的气质，馨桐开始和老公一起着力打造现在的小家。没有电视墙没关系，订做一排大书柜，再也没有什么能比这个更有价值；没有贴壁纸？花几百块钱从网上买来芦苇帘挂上，然后再挂上玻璃瓶养的水培植物，这样的墙壁野趣十足，且独一无二；没有院子也是小事，阳台还挺大，种不了樱花，就多养绿色植物，看着它们发芽、成长、开花到爆盆，也很有成就感；小区没有好的环境也没关系，但邻里关系和睦如春……周末，馨桐把儿子接回来，一家人出去郊游，躺在蓝天白云下不论是吃一块自己烤的糕点，还是看着他和儿子嬉闹，都是轻松快乐的。回来的时候，再采上一把野花，插在她从花市淘回来的素白色瓶子里，家里便生机勃勃起来，连儿子都忍不住赞叹：妈妈，我们家好美哦！何止很美，还很幸福呢！

那一刻，馨桐很庆幸找回了初心，也找回了幸福。或许每个人的初心都不一样，但她想只要坚持各自的初心，便不会迷失方向，幸福也一定会在原地等着自己。

看得见摸得着的幸福

一切，都从云兰看到那篇文章开始，怎么会有那样的男人？

文章是一位女作家写老公如何宠爱她的，如即使做两个人的饭菜，老公也不让女作家动手，要么他回来做，要么下馆子；她打个喷嚏，便引来他的关注，深更半夜出去买药；她如果心情不好，他就取消航班直接回来陪她……如此种种，都让云兰觉得自己的血液逆流，为什么我的男人就不是这样？！

云兰的老公，很平平淡淡的一个男人，走到人群里便消失不见，对待云兰也说不上他有多好，但要说有哪儿不好，倒是可以说上3天3夜，可云兰却从来没想过要分开。只是，有关幸福的文章看得多了，再加上一部又一部韩剧的轰炸，面对老公，云兰却越来越怀疑，婚姻是不是可以更好一些？

7月的天空经常下雨，一下便是一整天。那天雨下得又急又大，让正在上班的云兰都有些看不清街对面的房子。眼看着到了下班的时候，同事中有些人事先看了天气预报，带了伞，怎么着也可以回到家去，其他的人也有人来接。云兰正在想着自己该怎么回家的时候，忽然想起了那篇文章，于是给老公打电话："雨太大了，我早晨没带伞，你能来接我一下吗？"老公却问能不能找同事借，云兰听着心里不免有些生气，有伞的自己都用了，谁还能带两把伞？老公又问云兰能不能自己打车走。看了一眼窗外越来越大的雨，云兰一句话也说不出来，也不想说，直接挂断了电话。

最终，云兰还是搭同事的便车回家的。正家门口正掏钥匙开门的时候，老公却也上了楼。"你比我还先回来呢。"老公松了一口气，然后说怎么雨下得这么大，明天不知道能不能上得了班。

这时候，云兰脑海中又浮现朋友圈里看到的另一篇文章，那也是一个下着暴雨的城市，男孩儿听说女孩儿城市在下暴雨，于是坐了飞机过来。女孩儿很是感动，却又有些心疼男孩儿的辛苦：你来又有什么用呢？女孩儿便是如此，既希望被人像含在嘴里怕化了一般地疼着，可若真是这样，又会心软。男孩儿笑着回：至少你无助的时候，我在你身边！一句话，叫手机这边的云兰心里发酸。

打开门，一走进家里，云兰就扑到床上号啕大哭。一向理智冷静的老公这会儿慌了，一个劲儿地问："怎么啦？谁欺负你了？"云兰直接扔了一个枕头过去："你欺负我了。"然后便是一通细细碎碎的抱怨，老公在一旁听得发呆了，最后冒出一句："原来在你心里，我是这么一个一无是处的人。"

他解释，云兰打来电话的时候，他正在开会，是请了假出来接的。而且他们公司地势低，有许多地方已经被水淹了，他自己都不知道车会不会熄火。他不说这个理由，是因为他不想被她想象成是个借口。可却没想到，居然还有另外一种更不好的可能。

"我就是这样的，不会那些花哨的东西，你要实在不满意……"他余下的话没说出口，但最后还是忍不住说，"这个世界上有许多男人比我强，也有许多女人比你强，很多事情，不是咱们摸得着的。"

最后一句让她的心像是被揪了一下，想说他只是为自己辩解，可理智却告诉她，有些事情，恐怕真的是比不来的。许多明星，郎才女貌，没过几年便分了，而那么些普通人，瞄过一眼后完全记不住他们的模样，无貌，或许也无才，但却能很幸福地过一辈子。可见婚姻究竟怎样过，还是要看每个人自己。

不过因为一句话，云兰便走出了困局，不再将自己的婚姻和别人的幸福来比较，幸福从来不是比出来的，只有自己摸得着的幸福，才可以被牢牢地握在手里。

这样一想，云兰发现，生活中可以称之为幸福的其实也不少。她喜欢植物，但是家太小，于是老公便给她买一些多肉植物养，她并不曾在意，因为那只是他下班的时候，顺手带回来的；她要辞职，老公说，行，家里有我呢。她又不想辞了，他又道，在外面朋友多一些，会更愉快；她喜欢买衣服，他每一次都认真地给予参考，每次都让她买到心仪的衣服……这样的事真的很多，但却又真的很细碎，细碎到叫人想不起来，可是谁又能说这不是幸福？

云兰终于明白，其实，他俩就是两个普通的男女，组成了一场普通的婚姻，所拥有的不就应该是这样没什么可炫耀，但却舍不得放手的幸福吗？她相信不止是他们，许多家庭亦是如此，所以才会有那么多人能够白头到老。

托尔斯泰说：幸福的家庭都是相似的，但不幸的家庭各不相同。幸福的家庭但究其细节，还是不一样的，幸福其实也各有不同。有的人喜欢豪车名包，只有这些能够让她觉得愉悦，有的人喜欢粗茶淡饭，一句温暖的话都能使她笑逐颜开，如果说不喜欢物质生活，有些矫情，但最重要的是，你能够拥有怎样的幸福。幸福也是有水平线的，如果你的幸福本来就是一顿好饭、一束鲜花、一个周末的郊游便可实现，可是你偏偏要去追求在豪宅里过着奴仆成群的日子，幸福自然就会消失得无影无踪。

摸得着的幸福，才是自己能够抓得牢的幸福，才是与自己匹配的幸福和婚姻。这就如一只小船，拥有与之匹配的桨，船才划得快，船小桨重，婚姻的小船便有可能会翻。

好婚姻不能瞎吵架

那天，一个聚会上，有人在闲聊：夫妻间吵架没什么，越吵关系越好。许多人表示赞同，那种成天说离婚的人，反而是离不了的。兰双听了只是轻笑，旁边的同事碰了碰她的胳膊："你和姐夫就不吵架！"

"也吵的。"她怕吵着别人，小声说，"只是，不瞎吵架。"

其实，婚姻如同幼苗，从破土的幼苗到长成参天大树，也是有一个过程的。如兰双也曾经任性过，那似乎是在婚后第二年，新鲜劲儿一过，两个人都没有了之前的激情，越来越像是两个搭伴过日子的合租者，而且还是个关系很恶劣的合租者。

兰双开始迷茫起来，不明白曾经那么相爱的两个人，现在怎么如此地针锋相对。不明白婚前勤快整洁的他，居然是盘子可以泡两天不洗，鞋袜随地乱扔的主；不明白曾经那么幽默睿智的他，竟然木讷得连她的喊叫都听不见，经常处于梦游状态……而每当她提出来的时候，他都要大声地回应，找出种种理由来反驳她。"叫你承认个错怎么就那么难？这日子还要不要过了？"兰双委屈得直掉眼泪，老公却说："为什么一定要按照你的方式过日子才是对的呢？"兰双认为老公这种行为只能证明他不爱自己，老公却反问兰双，对自己的爱又有几分。

总之没完没了，吵也吵不出个结果来，于是下班后兰双都不想回到那个沉闷而毫无生机的家，早知如此，还不如不结婚，一个人落得个清静自在。

兰双人如其名，温雅如兰，在大家的眼里是个脾气很好的人。但这只是在外面，一回到家，她便时刻进入备战状态，如老公下班回家换鞋的时候，不把鞋放进鞋柜里，她便不能忍；老公把衣服扔沙发上，她也不能忍；老公经常拿她跟他妈比，更是不能忍，甚至为此讥讽："要不要离了，你按你妈那标准再去找一个？"于是两个人又开始吵，都口不择言，都用从小到大都没有过的激情去伤害对方。

午夜，兰双忍不住反省，不是反省自己，而是反省这段婚姻是不是正确的。

直到那天的晚餐，难得氛围还不错，老公突然问兰双："你们女人是不是都是把所有的暴脾气，都留给了家里的男人呢？"兰双一愣，想否定，却想起白天的时候，单位同事还问她，在家里是不是都是老公说了算，因为她那么温柔。"或许……是因为亲近。"兰双回道，但心里却更加迷茫。老公却不放过，再追问一句："那为什么却又要求男人一定要把最温柔的一面给自己的女人呢？"兰双张了张嘴，很想回一句：你既然不能对我温柔，又提这个问题有什么意思？但最终，她还是沉默了一下，这样问下去，又要吵起来了！这便是夫妻，总是将自己最真实的一面置于对方的面前，却不去想，对方有没有承受的勇气和力量。

那一顿饭，他们吃的时间有些长。婚姻于他们，就像是走进一场未知的旅程，他们都有着各自的想象，但又有谁的生活真的能如想象中的一般模样呢！何况，世界上真的没有一个人，真的是因为另一个人而存在的，婚姻中的爱与幸福，不过是包容的结果。看着他，那么自得、那么开心，兰双才发现，其实一直是自己一个人在婚姻中纠结。所以，要改变的，只能是自己，更因为，我们都没有改变对方的能力。

兰双开始控制自己的脾气，每次想发脾气的时候，都会把老公假设成另外一个人，比如他在外面打篮球，满身大汗地回来，如果是以往她会非常生气，生气他不陪自己，反倒去弄得一身臭汗回来。但现在，兰双会把他当成一个普通朋友来看，这样反而会看到他阳光的一面。看电视的时候，老公喜欢把腿翘在茶几上，以往她会厌弃，甚至会失望，一个有素质的人即使在自己家里，也一样会规范自己的言行，而现在，兰双发现很多男人都喜欢这样，于是拿一个凳子放在他的脚边……而老公也会相应地做出回应，兰双记性不好，他便负责管理家中的物品，她不喜欢洗碗叠衣服，他每天便来做这些。渐渐地，他们发现生活中许多事情是不需要吵架的，好好说就可以。

如那次出去旅行，因为下错了高速路口，竟去了另外一个城市。

两个人茫然地站在街头，如果继续向之前的目标出发，再绕回去，估计要很晚到。"怎么办？"老公看着兰双。兰双笑着回答："我从来没来过这个城市，要不，我们在这里住一晚吧。"就这一晚，成为他们接下来好多年的美好回忆。因为没有攻略，没有事先订酒店，一切都是那么仓促，可是一切又都是那样新奇。好不容易找好了酒店，出去找餐厅吃饭的时候，又走岔了道，夫妻俩在街头莫名地笑翻了。那一天，他们将之定为"岔道日"。

"若在以往，肯定会吵起来的。"兰双说。可事实证明，有些事吵了无济于事，它不能让时光倒流，但温和地面对一切，却可以弥补这个错误，并使之更加美好。

诚然，绝大多数的夫妻做不到不吵架，因为在说理的同时，我们还需要发泄。更有甚者，只是单纯地为了发泄。结果可想而知，事情并没有如自己所料那样去发展，反而越来越糟糕。若是为了发泄，倒不如买个沙包回来，效果会更好一些。

兰双说，好的婚姻并不是压抑着自己不去吵架，而是不轻易吵架，当吵架成为一种习惯，婚姻质量将会和吵架的次数成反比，而一种温和宁静的沟通方式，会让家里的空气清新一些，这样的家才能被称之为港湾。因为这样的家是宁静的，是祥和的，尤其对于有孩子的家庭，他在不吵架的家庭里学到的是宽容，是有话好好说，是理智地考虑问题。因此，要说好婚姻的标准是什么，或者是不吵架的秘诀是什么，有话能够好好说是最好的秘诀。

共同成长，让幸福更长久

　　那天，和一帮朋友聊天，说起婚姻，其中一个朋友感慨地说："幸福的婚姻在于夫妻两人是不是同步，一前一后地走路不是有拉扯，就是互不搭理，感情自然就淡了。"坐在角落里，听着这句话，雪成有些愣了。

　　其实这次的聚会，雪成是不想来的。一个日日被迷茫困住的女人，在许多时候，对许多事情都是提不起兴趣来的。可是好友硬拉了她去，怕她再如此自困下去，反倒误了自己。

　　生活和家庭并没有什么事，只是雪成觉得日子应该越过越好，但实际上却是背道而驰。想起当初结婚的时候，她和老公都是公司小职员，白天一起打拼，晚上一起学习，赚了点儿小钱就开心得要添一盘花生米，那时感情不知道有多融洽。可随着老公的事业发展得越来越好，雪成就觉得有些力不从心了。听着老公时不时地冒出一些她听不懂的行业术语，她开始害怕。鸡同鸭讲的事谁也不愿意久干，而男人原本就不喜欢多说，没多久，老公便渐渐不爱找雪成聊天了。

雪成便有些不安，一个成功的男人想要找个聊得来的人实在是太方便了，志同道合的朋友，或者是善解人意的女人……她害怕哪一天，他就变成了一个自己哭着喊着也叫不回来的背影。

聚会上朋友的那句话，雪成明白，也知道戳中自己婚姻的痛处，可却还是不知道该如何找到出处。雪成不是没想过全心扑到工作上，但她却认为这并不是好的方式，如果那样，家就不像一个家了。可越是这样，雪成越发迷茫，似乎家和他，成了两种只能舍一得一的选择。只是哪样，雪成都不愿意舍。找不到出路，便干脆不想了，每天让自己忙起来，只是忙也不能忙别的，就忙着家里的"一亩三分地"。

雪成开始研究起美食来。每天的菜谱都是前一天拟好的，从口感到色彩都是精心搭配。她每天早起赶去菜市场，买回最新鲜水嫩的菜蔬，然后放进冰箱，或者浸在水里，等到下班回家，蔬菜还是很新鲜，那些农药的残留也都处理得干净，于是便安下心来在厨房里忙活着。一顿3个人的饭菜，雪成要用上两个小时，好在单位离家很近，她有足够的时间来待在厨房里。直到自己满意了，菜才能上桌。除了中餐，雪成还报了个烘焙短期培训班，烤一些小甜点给老公和孩子当夜宵，或者带到单位去加强人际关系，都挺好！

雪成朋友不多，却喜欢用朋友圈，那里总是很热闹，认识的不认识的人，都迫不及待地将自己的生活晒出来，让她能够感受许多不一样的烟火人生。雪成拍的菜肴和糕点总能得到一群人的疯狂点赞，赞得她心里的迷雾一点一点地减少了，常常喜不自禁地问老公：你觉得好吃吗？你看这么多人称赞呢。老公自是点头，比外面卖的好吃呢，带去公司，同事们羡慕的眼神也叫原本沉稳的他有些得意。

只是，不论是雪成还是老公，谁也没把这件事放在心里，不过是个爱好而已。直到那一天，有朋友问雪成，能不能帮着做个生日蛋糕，因为她做的蛋糕不但漂亮，还健康卫生。这对于雪成来说，不过是小事一桩，而且也是她喜欢的事。蛋糕做好后，她还体贴地送了过去。朋友被漂亮的蛋糕惊艳到了，当即在手机上给她发了一个红包。雪成点开一看，实在是太多了，又发了回去，朋友不接，只是说："市价比你这个蛋糕要贵得多，但却没有你做的好吃，且叫人放心。"那一刻，雪成感受到了朋友对她的信任，她有些惊慌失措，之后却是感动莫名。

也不知道是谁把雪成给别人做蛋糕的事情传了出去，于是隔三岔五地都有人订蛋糕。也有人问雪成，你的厨艺那么好，送菜吗？雪成是个大方人，于是时常做一些方便打包的菜，和蛋糕一块儿送了过去。渐渐地，雪成的私房蛋糕就这样不知不觉地有了名气，只是对于这些雪成都只是一笑。直到那天，老公在一次聚会中，听到大家都在讨论微商，然后有人问，你们知道那××的私房蛋糕吗？这可是个成功的案例呢，现在的年轻人，没吃过她做的甜点，都觉得没面子。老公当时差点儿被那口红酒给呛到了，怎么也没想到雪成的私房蛋糕获得了这么大的认可。他猛然地发现自己的老婆竟然在另外一个领域，也得到了极高的认同时，自豪感顿时油然而生。

雪成听了之后也有些懵了，虽然赚了些小钱，但也只当是一份业余的爱好而已，实在太累的时候，还推掉了不少，却没想到竟有这样意外的收获。在老公的建议下，雪成开始认真地对待这件事，她租了一间单独的套间当工作室，去工商局注册执照，找人设计了一个醒目的品牌名称和标志……每一件事，雪成都与老公商量，他也都予以最专业的指点。

渐渐地，随着雪成私房蛋糕工作室的成立，雪成和老公的感情竟不知不觉地日渐亲密起来，两个不同领域的人，竟每天都有聊不完的话题，同时又能在对方的观点里获益……他们欣赏对方，赞赏对方，同时为对方而感到骄傲，生活自然而然地多了一种色彩，那便是幸福！

而在这一刻，雪成再一次想起之前朋友说的话：幸福的婚姻在于夫妻两人是不是同步，一前一后地走路不是有拉扯，就是互不搭理，感情自然就淡了。雪成终于明白，并用行动很完美地诠释了这句话，但是，她又有不一样的理解。

如果说婚姻里的两个人是在跑步的人，其实，我们可以不追逐对方的脚步，因为那样太累。何况，每个人都有自己的方向，即使跟上了对方的脚步，也是一种迷失。唯有学会共同成长是必要的，如舒婷在《致橡树》中写的：我必须是你近旁的一株木棉，作为树的形象和你站在一起……同样的高度，看到同样的风景，才能拥有共同的语言和一样的情感。这样的婚姻，才能够长久，能够终身幸福地相依。

找到幸福婚姻的"精气神"

那天，同事拿着手机兴冲冲地跑过来对亚雨说："姐，你回去测试一下姐夫。"拿过手机看了看，内容说是如果你突然说一句"窗外有一只鸟"，看你配偶的反应，不同的反应有不同的说法。亚雨顿时一乐，笑道："这还用测试吗？我老公肯定是没反应啊，他对这些才不感兴趣呢。"结婚10年，亚雨太了解老公了。可同事却瞪大了眼睛说："姐，姐夫恐怕是……对你不感兴趣吧。"这同事说话可真直接，不过，却让她的心里还是有些忐忑。

虽然，亚雨明知道老公对同事说的那个测试不会产生任何反应，但那天晚上，她还是忍不住站在窗前说："窗外有一只鸟呢。"身后在玩手机的老公半天没反应，直到亚雨又说了一句："窗外有一只鸟啊。"老公才慢吞吞地抬头，说了一句："你眼神不错。"亚雨哭笑不得，之后便有些失落，然后情不自禁地想，自己到底要怎么样才能够引起老公的兴趣呢？想了许久，最后还是只能放弃。

再过一个月，就是结婚十周年的纪念日。亚雨不禁想到 10 年前，婚礼是她和老公自己操持的，订酒店、写请帖、买喜糖，等等全都是自己搞定，累得亚雨躺在沙发里直哼哼："以后再也不结婚了。"吓得老公过来赶紧捂住她的嘴："瞎说什么呢，咱们得幸福地过一辈子，怎么可能还结婚。"想起这件事，亚雨便想笑。生活按照他们想象的样子一路走来，直到现在有房、有车、有孩子、有稳定的工作，可是，说好的幸福呢？当初想好的幸福，肯定不是晚上回家一个玩游戏一个看手机，周末睡懒觉，一年都没有几句带着幸福和暖意的交流。

是感情发生了变化吗？亚雨认为不是，她相信自己对他和这个家是有着很深的感情，也相信老公也没有改变，可究竟是什么原因呢？想不明白，于是去问老公。老公只是一愣，男人心里总是装着许多事儿，从来也没有想过这样的日子有什么不好，经亚雨这一提醒，也就明白了，一针见血道："没有激情了。"

亚雨眼睛一瞪，却不得承认他说的是对的，有些东西不是你可以强求得了的，如爱，如激情！当家庭生活和工作都稳定了，每天的日子就过得像是复制与粘贴一般，连努力都找不着方向，如何会有激情？明白了又怎样？日子还得一样地过。

"婚姻没有激情，如同一个人没有激情一样，那就找回来。"好友说完，亚雨只是笑，谁不想找呢？可那不是天上飞的一只鸟，地上走丢的一头牛，说找就可以找得回来的。好友不再说事儿，却告诉亚雨，自己又买了一套房，不大，一居室。

亚雨惊讶地看着好友，她们的家境都差不多，好友哪儿有钱再买一套房呢？好友说："我挣的啊，再借点儿。"原来生活安稳了之后，好友手头有些余钱却不知道干什么，于是朋友介绍她买房，之后再租出去，租金可以还贷，20年后的租金还可以养老。好友深为所动，一咬牙便为买房这件事拼上了，不但兼了一份职，还在网上辅导别人写文章，一年的时间，竟赚得了首付，并且已经拿到了钥匙，准备简单装修一下就挂到租售中心去。

好友笑容满满地说，"我这一年的生活过得太丰富多彩了，最重要的是因为有了压力，我和老公又像是回到了最初刚结婚的时候，充满了激情和斗志。"

好友的话让亚雨如醍醐灌顶，老公说他们的生活的确是没有了激情，究其原因，是因为没有共同的奋斗目标。那么，是不是重新设置一个生活目标就可以呢？亚雨越想越兴奋。

左思右想，买房子对于亚雨来说，压力还是太大了些。看到满阳台的多肉植物，亚雨眼神一亮，对老公说："我们开一个卖多肉植物的微店吧。"老公一愣，微店倒是听说过，但却从来没想过要自己来卖。他很喜欢养多肉植物，而且非常有心得，烂根和虫害的事情一直没有发生过，每一株多肉植物都让他养得特别出彩。

于是，从网上批发了一些陶盆，亚雨和老公的多肉微店便"战战兢兢"地开张了，没想到生意却出乎意料地好。因为亚雨平时总发一些多肉植物照片到朋友圈，早就让大家垂涎欲滴了，再加上大家对亚雨都很信任，第一天准备的货便被抢购一空。亚雨和老公面面相觑，但又激动得不行。自那以后，亚雨便和老公开始围绕着多肉植物忙开了，他育苗、组盆和配货，她拍照、宣传和洽谈，有了订单，便一起去送货，每天忙得不亦乐乎，但那种离不开彼此、相依相伴的感情又像是回到了最初为建一个家而拼搏的时候。

那天，送货回来的路上，亚雨忽然想起父亲曾说过的一句话，感慨地对老公说："我爸当年就跟我说过，干什么事都要夫妻一起，夫妻同心，其利断金。"老公笑看了亚雨一眼说："那也要看是跟谁，幸好，你是我老婆！"那一刻，亚雨莫名地就流下泪来，真的很久没有听到他说这么暖心而感性的话了。

虽然卖多肉植物并没有挣到多少钱，但亚雨却觉得收获了很多，有什么比婚姻的幸福更有价值呢？

夫妻间的关系既近且远，因为没有血缘的维系，所以彼此之间的共鸣就显得尤为重要。这样的一份共鸣，犹如夫妻之间的油泵，它能够调节双方感情上的频率，能够带动双方的精气神，能够为幸福找一个支点。

如亚雨，她和老公重新找回幸福，并不是因为多肉植物有多可爱，而是他们通过它找到了当初的那样一份精气神。

婚姻里，要学会互相点赞

那天，看微信朋友圈的时候，辰佳发现老公给他们一个共同的朋友的朋友圈点赞，不禁心里有些不爽，跑到客厅对正在看球赛的他说："你给别人点赞，怎么不给我点赞？"自开通微信以来，老公从来不对辰佳发的朋友圈有任何评论，连点个赞都不愿意，这便让她有些不高兴了，难道自己没有他的那些朋友更重要？谁知老公听了一怔，不知道是不是不知道该怎样回复，竟说："你不也没给我点过赞嘛！"辰佳眼睛一瞪，这也是能比的吗？可是她又情不自禁地想，自己为什么也不给老公点赞呢？或许是因为太亲近了，知道老公不会计较，所以一般看到老公发的朋友圈，都只是一笑了事。

辰佳情不自禁地想到当年，那时候老公在她眼里是个博览群书的才子，不论他聊什么话题，她都听得津津有味儿。记得当时有朋友笑话他们说："在你们俩的眼里，对方都是这个世界上最优秀的人。"是啊，那时候他们彼此欣赏，她欣赏他幽默睿智，他称赞她温柔有才情，甜蜜的夸奖比赛似的告诉对方，也因此越走越近，只觉得对方才是心里最中意的人，最后水到渠成地结婚成家。如果那时候有朋友圈，估计辰佳都会抱怨，为什么只能给一个人点一次赞。

可是，当两个人走进婚姻，日子便开始有了柴米油盐酱醋茶的掺和，对方的光芒渐渐暗淡，他们的"赞"早就在各种斤斤计较中消失不见。

辰佳还记得上个月，老公完成了公司的一个项目，开心地拎了一瓶红酒回家。当老公骄傲地说出自己的成绩时，辰佳却随口问道："你们这个项目是不是有好多人参与的？奖金能有多少？"她注意到他的情绪像一只鼓囊囊的气球，突然就瘪了下去，辰佳知道自己的话有些不合时宜，可是想着马上要交房贷，便情不自禁地会去关心奖金的问题。

但见到老公一脸地不开心，辰佳反而认为老公小心眼儿，本来就是共同合作完成的项目，又不是哪一个人的功劳，他说得好像是他一个人完成的似的。吃饭的时候，老公再一次忍不住说起自己在这个项目中出了哪些力，辰佳还在关心奖金的事，回道："你们这次的奖金是按什么比例分配的？"如果钱多的话，还可以做点别的事情。辰佳心中有很多计划，家具她早就想换了，冰箱也用了太久，洗衣机虽然还在用，但噪音特别大，邻居都有意见了……却没想到，老公居然将筷子往桌上一拍："你能不能关心重点？"重点？辰佳一笑，有什么比家庭建设更重要的。但，她毕竟还是懂他的，男人嘛，其实跟孩子一般无二，都好个面子，都喜欢称赞，于是敷衍了一句："知道你很能干，要不当初我怎么会嫁给你。"但是很明显，这话并不能取悦老公。这一顿原本计划好的烛光晚餐，最后黯淡收场。

偶尔，老公也会对辰佳说："我怎么觉着你变了呢？"她点头："可不就变了？变庸俗了，生活都是庸俗的，高雅的生活不适合我们这些普通的老百姓。"庸俗的生活不需要点赞，那样太文艺，过不了日子。曾经，她是这样想的。

但是，当朋友圈开始流行，辰佳每发的一条消息，都会有那么几个人点赞，但不论是多或者是少，都没有他。原本以为，老公是一个不喜欢点赞的人，平日里也没听到他说过几句好听的话呢，何况，自己也不在意。可那句话是怎么说的？没有对比就没有伤害，当发现他居然会给别人点赞的时候，她一下子就觉得委屈了。

但，辰佳到底是个聪明人，虽然感觉老公的说法挺幼稚，又不是个孩子，非得我给你点赞，你才给我点赞吗？那既然如此，我不但给你点赞，我还真心地称赞你一回，看你如何！

"老公，虽然我没有给你点过赞，但是在我心里，你一直是很优秀的。"于是，辰佳很认真地坐在老公身边对他说，只是太久没有说过这样的话，她竟有些不好意思。没想到老公，却是一副受宠若惊的样子，甚至问："真的吗？你觉得我哪里优秀？"辰佳暗笑，然后掰着手指一样一样地说给他听，他对工作很认真，也很顾家，他没有不良嗜好，很爱学习……不想，他听到最后居然有些羞涩，且回道："其实我还有很多地方做得不够好，那个……你也很优秀。"

辰佳听了，心里竟然"怦怦"直跳，难道自己也一直期待着他的欣赏？他已经很多年没有夸过自己了，她曾不止一次地照镜子，看自己是不是已经变成了一个黄脸婆。

"你很努力，对自己要求高，却又不跟别人争强斗胜，而且热爱生活……"听着老公娓娓道来，辰佳眼眶渐渐发热，在他的描述中，她仿佛看到了一个全新的自己，再不是想象中那样的忙乱不堪和心慌气短。30多岁的女人，对于过往的眷恋，和对未来岁月的迫近，总是心有不甘，总是仓皇无措。

这一次的互相"吹捧"，使辰佳和老公又像是回到了热恋的时候，那时他们俩不遗余力地说着对方的好，一点儿都不会觉得不好意思，也不怕对方太得意了而瞧不起自己，只是一心一意地欣赏对方、赞赏对方。

辰佳不禁很庆幸，庆幸自己的灵光一现，让她明白，让婚姻变得琐碎而平淡的，其实不是时光，而是自己没有用心去寻找和收藏对方的优点，并用心地去为他点赞。

其实，点赞不论是在手机上还是生活中，并不是那么难的一件事，不过就是动动手指头、动动嘴皮子的事。点赞，之所以难得，是在于那一颗愿意点赞的心，所以这样一个小小的行为，能够拉近两个渐行渐远的人。

收集幸福的细节

情人节，办公室里成了一片花海。部门里除了思齐，都是清一色的小姑娘，也唯有她，没有收到鲜花。小姑娘们有些怯怯的，一副怕思齐多想的样子，不想思齐却笑了："你们该怎么开心就怎么开心，我也很幸福呢。"其实她还想说，婚前婚后的幸福不一样，婚前的幸福是惊喜，而婚后的幸福却是细节。只是怕说出来，这些小姑娘不懂。

到了下班时间，思齐在大家的花香中拿出一把伞来，那是早晨出门的时候，老公塞进她的包里的。思齐记性不好，于是许多事情便由老公帮着打理，因此老公习惯了看天气预报，下雨的时候会帮她准备伞，降温了也给她加一件外套。知道思齐是个粗线条的人，还帮着检查了一下有没有带钥匙，有没有带驾照，有没有带护手霜……看着老公一样一样地拿出来看，思齐忍不住笑："你当我是个孩子呢？"他回："你可不就是我的大孩子。"那一刻，她很幸福！

　　婚前的幸福，是要叫所有的人都能看见，于是鲜花、钻戒、烛光晚餐，甚至马路求婚，怎样夺人眼球，便来什么。可是婚后却不一样，婚后的幸福只在两人之间，那些点点滴滴的细节，说出来只能换来他人一个笑，甚至都不好意思说，因为太小了，太不值得一提，但累积在一起，便是千金也换不来的。

　　如那次下班回家，思齐看到老公在阳台上照顾花草，忍不住问他为什么这么喜欢养花种草。老公头都没抬，只是说："我哪儿喜欢，不是你喜欢吗，买回来又不管，花都要死了。"思齐在农村长大，每次见着那些鲜活的植物，就由衷地喜爱，总是要搬回来。可之后，又因为这样那样的原因，将它们忘在脑后，甚至有一盆文竹，就那样给干死了。之后，便是老公在打理了，每一盆都养得鲜翠欲滴，本以为自己是无心插柳，帮老公找到了他的爱好，却不想老公竟是在给自己收拾烂摊子。那一刻的幸福感，就像是春风吹进了思齐的心里，好暖！

　　还有那天清晨起床，听到老公咳嗽，说自己好像感冒了。思齐不禁有些抱怨："叫你早晨起来和我一起跑步你不愿意，看吧，现在身体免疫力不行了吧，都不如我，我一点事儿都没有。"老公扭头看了她一眼，拍了拍被子。思齐这才发现，自己这一边的被子上还盖着一件大棉袄。那一刻，幸福像是一股热浪，涌进思齐的心窝。

　　包括那次思齐又犯了头痛的毛病，给老公打电话的时候，他正好在外面应酬，刚上桌。思齐原是想让他吃完了早些回来，可是没一会儿便听到了开门声，是他，还拎着两个饭盒，里面是打包的大肉包子和一碗菜。"你打包这个干什么呀？别人还没吃吧？"思齐问，他却不觉得有什么不好的，且理所当然地说："可你不也饿着吗？"见思齐有些不好意思，他才解释，是自己叫餐厅单做的两个菜，没占人家便宜，然后忙着去给她找药。看着他忙活的身影，看着那饭香，思齐忽然觉得头痛的症状好了很多，原本毫无食欲的她，竟将饭吃掉了一大半。

还有那个周末，单位突然要加班，思齐已经忙了一周的时间，真的很想休息一下，因此不满地对老公说："我想辞职。"他却没答话，思齐心里顿时有些委屈，莫不是他不愿意？女人大多如此，让她在家里待着不甘心，但是又希望老公能够温柔体贴地让自己不要工作，在家里歇着最好。于是思齐又追问："如果我辞职，你同意吗？"不想他摇头，说如果是咨询他的意见，那就不同意。思齐听后有些不高兴，很多女同事都问过自己老公这个问题，大多的答案是"没事，我养你"。

在单位加完班，正准备回家的思齐忽然心血来潮，给他打电话，说："我和老板吵了一架，我辞职了。"然后挂断电话。15 分钟后，她在公司的大门口等到了老公，他抱着一个大纸箱，对她说："你把公司都当成了家，这个纸箱够不够装你那些东西？"思齐不直接答，只说自己没了工作怎么办？他却笑了，回道："你没工作了，不还是我老婆嘛，我有工作啊。"然后又说，"你这脾气……其实这单位还不错，离家近，你身体不好，路程远的单位你上下班都累，在家歇着不动对身体也不好……"他絮絮叨叨地说着一点儿都不煽情的话，竟然让她想着，如果有下辈子，也要把他给定下来。

　　就是这样，思齐眼里的幸福细节越来越多。如她的包，隔一段时间，老公便会帮着清理一下，然后一边清理一边抱怨什么都往里放；每晚一到 11 点，他就会不断地催促她睡觉，她若赖着不躺下，他还会踹一脚，力度不轻，但也不会让她痛；炒菜的时候，他会把肥肉和瘦肉分解开，肥的自己吃，瘦的给她吃；她喜欢吃凤梨酥，可家里的凤梨酥都是他买回来的，有一次逛超市没有买到，他埋怨了超市货物不齐全这些小细节，她说掰着手指都说不完，虽然他不会说"我爱你"，不会送礼物，不会突然买票去国外旅行，可是她却觉得，这才是过日子。

　　当有人问她，结婚有什么好的时候。她笑了，婚前的幸福大多差不多，但婚后的幸福，却只能自己去细细地品味，如她的颈椎不好，所以他才会担心她的包太重；她容易头痛，他才不让她晚睡；她不吃肥肉，他才会给她挑拣，且凤梨酥他一点儿都不喜欢……这些细节只有她有，这份幸福便是这个世界上独一无二的。每一对幸福的夫妻，都会有同样的细节，只看你愿不愿意去体会、去感受了。

别阻止他的付出

那天，雯清有些不舒服，浑身软软地不想动，地不想拖，饭不想煮，脏衣服也在洗手间放着。

老公下班回来，见雯清躺在沙发上，问明情况后，热心地问："要不要给你倒一杯姜茶？"雯清一愣，心里一阵暖流涌过，明明很感动，却又说："不用了，我歇会儿就好，你有这份心我便满足了。"老公听着有些莫名其妙，回想了一下，并没有觉得自己对雯清不够关心。顿时心里有些纳闷，如果雯清真的觉得自己不够好，那为什么又不让自己照顾她？既然不让，老公便没再多问。女人某些时候都是火药桶，一个不小心，就会炸掉。何况，她正病着。

看到时间不早，雯清又病着，于是老公走到厨房，刚打开冰箱想看看有哪些菜，他觉得自己最拿手的，就是有什么菜就做什么菜，且色香味俱全。可这时，却传来雯清的声音："你别弄了，就两个人，吃不完还浪费，泡方便面或叫外卖吧。"他一听，便没有做菜的劲头了，既然她害怕浪费，那便不做吧，何况他一向认为自己对吃什么是无所谓的，她不想，又何必多此一举。于是，泡方便面吧，叫外卖还得等时间。

看着老公拿着泡面走到客厅，雯清挣扎着起身接了过去，"你泡面老是用塑料碗，那个不健康，还是我来吧。"接过泡面，手脚麻利地泡了两包，老公不禁奇怪："两包怎么够？"雯清头都没抬，只是说自己不舒服，不吃了。那一刻，老公觉得自己是一个连方便面都泡不好的人。

吃完泡面，老公接着便无所事事了，他真的觉得没什么事了，于是坐到沙发上玩手机。却见雯清起身去了洗手间，然后传来洗衣服的声音。老公动了一下身子，却又稳住了，可以想象，如果自己说要帮她，她肯定要说，"你哪儿洗得干净，去去去！"其实他不大明白，衣服哪儿脏了？其实在他看来，换衣服不过是给别人看的，真的不脏啊。雯清对于他的这个说法很不理解，衣服的脏是你看得出来的吗？多少细菌呢。

衣服洗好了，老公赶紧接过来拿到阳台上去晾。想着，这回没事了吧？可是雯清歇了一会儿又起身。原来，还要拖地。这次，他不能无动于衷了，她不舒服呢，又爱干净，如果不让拖，估计这一晚上都睡不着觉。接过拖把，这次雯清倒也没阻止，可是当他从房间里出来的时候，她瞪大了眼睛："这么快，有没有拖干净？"说得他自己都有些怀疑，于是又进去拖了一遍，还是那些地方，并没有什么区别，但是他放慢了节奏。

好不容易拖完了全部的地板，洗完拖把，刚回到沙发上，雯清便长叹一声："你没洗鞋底吧？刚拖的地，你没洗鞋底就那么走过来，地上全是鞋印子呢。"是吗？他瞟了一眼，没有啊！雯清弯下身子："你得逆着光才能看得见。"他不明白为什么看个鞋印子还得逆着光才行。

雯清起身，把他走过的地方又重新拖了一次，一点一点地抹去那些逆着光才看得见的鞋印子，让他瞬间有了一个感觉，如果自己整个人在家里没有了印迹，她会不会轻松很多？

自那以后，他便觉察到了一种别扭，一种深深的，无能为力的别扭。

他做家务，她不让，因为做不干净，他不做家务，她又唠叨，什么都要自己一个人来；他想帮她，她摇头，因为他总是越帮越乱，他不帮，她又说找个男人还不如自己一个人过；他有应酬，她说他不顾家，于是他便减少应酬，她又认为他对家没有责任心，没有想过要改善家里的生活条件……他不知道为什么自己怎么做都不对，他认为自己和当初恋爱的时候是没有变化的，可是为什么在她眼里就一无是处呢？既然做什么都不对，那便什么都不做吧。

后来，有了孩子。孩子是雯清的命根子，喝口水都不能多也不能少；买只玩具枪，包装一定要留着，看是不是三无产品；带孩子出去玩，必须得她跟着，要不他肯定能把孩子弄丢了……于是对于孩子，他也采取敬而远之的态度，他不想因为自己的这点儿父爱，让雯清不高兴，或者说，不想要被她斥责。虽然孩子还不会说话，但是当着孩子的面被斥责，他仍然觉得没面子。

渐渐地，雯清的抱怨越来越多，因为家里的事情越来越多，她也越来越累。她问每一个人，自己怎么就眼瞎找了这么个男人。他听见了，但也当没听见，婚姻，他还要，所以，他一直忍着！他明白，自己就是这么个男人，不是他不想改变，而是不知道该怎么改。他从不吝啬自己的付出，可是雯清根本就不在意，他就懒得多此一举了。

结婚七周年，雯清把孩子送到外婆家，眼泪汪汪地问他："你是不是不爱我了？是不是爱上别人了？"他摇头，其实连他自己都不知道，摇头的意思是说不爱，还是说没有爱上别人，或者两者兼有。雯清自有自己的理解，于是又问："那你为什么对我这么冷淡，家里的事也从来都不管。"

这个问题，其实他也想了很多年，所以很快就能给出答案："爱一个人，就要将她需要的给予她，对吧？"雯清点头，当然是，爱情与金钱无关，与地位无关，与权势无关，而爱一个人最直接的表现，便是给予和付出。只是，他接下来却摇头苦笑："可你，似乎什么都不需要啊。"

雯清一愣，没想到答案竟是如此。

谁都懂得婚姻是两个人的，可是当一个人过于挑剔，或者过于在意的时候，便会一步又一步地将另一方挤到婚姻之外。雯清便是如此，对于老公做的任何一件事，她都不满意，因此老公只能退到家庭之外，将所有的事情都推到她一个人身上，她又怎么能不累呢？

　　聪明的女人应该懂得后退一步，即使他做得再糟糕也不能阻止，一个家，只有他付出了，他才会明白这个家的价值，才会更加懂得珍惜。

给婚姻一个成长的机会

那天，绍静因头痛躺在床上，睡不着，又起不来，于是便回想起今天一整天的经历。

原本挺高兴，一家人早就计划好的去附近的景点玩。只是刚吃完午饭，他接到电话，说有同学聚会。于是说了一大堆理由，如景区小、已经玩够了、儿子需要回家睡午觉、半天旅行其实是最舒服的方式等等。绍静知道，他不过是想早一点回城罢了。于是点头，不想因为这么一点小事和他争执，反正儿子似乎尽兴了。

回来的路上，他将车开得飞快，也不知道是累了，还是心里的郁结。在车上绍静便开始头痛，一下车就吐了。"你能上楼吗？"他的声音在耳边忽远忽近，绍静心里蓦然涌起一股悲哀。这话问得太薄凉，能不能上楼？你怎么不干脆问会不会死呢？堵着一口气，她点点头，然后听到汽车引擎的声音由近及远。

躺在床上，绍静听着外面的动静。儿子在看动画片，声音调得极小，应该是怕吵着她了。

一会儿，门又被轻轻地推开一条缝，见绍静睁开了眼，儿子开心地跑过来，摸了摸她的额头："妈妈，头还痛吗？"儿子以为头痛，就一定会发烧。她笑了笑，告诉儿子还痛，不过有他在身边，就好多了。儿子满意地笑了，又问："妈妈，你要喝水吗？"她点点头，于是儿子一闪身跑出去，再进来的时候，小手中间小心地捧来一杯水。

她喝了一口，温的，应该是儿子用开水和凉水兑的，绍静眼泪就那样流了下来，他还不如儿子呢！见她又哭了，儿子有些着急："妈妈，是不是又痛得厉害了？"绍静不想吓着儿子，故意挤出一个夸张的笑容来，说不是的，只是刚才痛了一下，现在只要睡一觉就没事了。

"那我现在出去了，不吵妈妈。"儿子小心地关上房门，就在门只剩一条缝的时候，还抓紧朝她笑了笑。那一瞬间，眼泪又涌出眼眶，绍静赶紧用被子捂住。可是，脑海里却情不自禁地出现了他在同学之间嬉笑怒骂的样子，那般地开心，那般地张扬，与她的现在成了一个鲜明的对比。

头越来越痛，绍静想起他们恋爱的时候、结婚的时候、甜蜜的时候、吵嘴的时候，最后竟迷迷糊糊地睡着了。再醒过来，房间已经全黑了，打开灯，竟然已到晚上9点了。

或许听到房间有了动静，儿子推门进来，委屈地说："妈妈，我饿了。"绍静顿时一阵心酸，拿起手机给儿子点了个外卖，又听到儿子在问："妈妈，爸爸为什么还不回来？你都生病了。"原本以为自己又会哭，可是却哭不出来了，心里只有儿子的那句，爸爸为什么还不回来，连儿子都知道她生病了需要照顾，可是，他却不知道。

绍静最后还是忍不住，她拿起手机给他发了一句：是不是我死了你才会回来？！她极少用这样激烈的语气和言辞，也不确定他在那样的场合下，会不会收到信息。其实，绍静并不知道，如果他没有及时回来，自己该怎么办。

可是，半个小时后，他还是赶回来了。空着手，却一脸讨好地说："还没吃吧，我去给你们做吃的。"绍静摇头："我给儿子点了外卖，我想喝粥。"粥简单，但却最难熬，如同婚姻，说起来不过就是两个人带着孩子一块儿过日子，但想要过得幸福，却不是那么简单的事。

他立即起身去熬粥，半个小时后，白的粥，红的辣萝卜，让绍静的头痛神奇地减轻了许多。也不知道是为什么，绍静头痛的时候，吃药不管用，非得吃这种很辣的辣萝卜才会缓解，只是今天家里本是没有的。"哪儿来的辣萝卜？"绍静问，他一脸地得意："我出去买的啊。"绍静不得不感动，因为她从来没跟他说过，自己头痛的时候要吃辣萝卜，以往都是她在家里备好的，偏偏上次吃完了。绍静没有想到，他竟然看在眼里，记在了心上。

既然能够如此，为什么不留下来放弃参加同学会？或者，为什么不早回来一些。绍静忍不住地要问他，之前自己意识里的他，和现在眼前的他似乎成了两个人。他愣了，只说："我没想到你病得这么严重。"

绍静苦笑，结婚多年，对于男人她是懂的。男人在婚前和婚后其实没什么区别，你不能指望着他能够自己成长，许多事情，他们都不会想到，如他没想到会这么严重，没想到你会不高兴，没想到这件事情有这么重要，没想到……但，你还是要原谅他，因为每个人都需要成长，每个人在每一个阶段都需要成长其中也包括婚姻！

绍静记得婚后不久，那一次自己也是头痛。他不知道该怎么办才好，也不懂得照顾人，只在家里转圈，嘴里嘟囔着："你怎么会这个时候头痛呢？这该怎么办？"绍静当时气急了，直问他，"你认为我什么时候头痛比较合适？"他这才恍悟，赶紧过来道歉，说自己并不是这个意思，然后又问："要不要打120？"其实这个时候，绍静只需要一杯开水，可他偏偏就是不懂啊。

第二天，绍静恢复如初，照常和他一起出门上班，他送她，然后再去自己的单位。看着他绝尘而去的车尾，她情不自禁地笑了，婚姻就是如此吧，会吵、会闹、会不甘心，甚至会指责对方的种种不是，但却总还会留有一份希望在心里。在这样的一份希望里，两个人慢慢地学会了该如何相处，这样的一份相处是天长地久的基础，它让你懂得，不论婚姻出现哪一种状态，你都能做出正确的反应。

这样的一份正确的反应便是，在吵架的时候，能够认识到自己的不足；在失望的时候，能够想起对方的好；在想退缩时，都坚信心底还有爱……

幸福婚姻，别忘了亲情

　　雅然从来没想过，自己会有一天，所有的醋意都来自于他的家人。

　　谈恋爱的时候，雅然觉着他有那么一大家子人，特别地令人羡慕，过年过节的时候，全都聚在一起说说笑笑的，多热闹啊。那个时候，雅然时常偎在他身边问：你爸喜不喜欢我？你妈喜不喜欢我？你哥你姐喜不喜欢我？他总是轻抚着她的头发，宠溺地说，所有的人都喜欢你，谁叫你人见人爱、花见花开呢！

　　现在，这句话倒成了一句讽刺。不用问，雅然也知道他全家的人其实都是不喜欢她的，而且面对这样的不喜欢，他从来都不替她辩解，或者说从来都不站在她这一边。如今天，雅然觉得自己伤透了心。

　　墙上的时钟已经指向上12点，但他还是没有回来。事情也不大，不过就是顶了婆婆几句，于是，雅然差点儿成了全家的仇人，每个人都对她怒目而视，雅然气得跑出了婆婆家，途中还放慢了脚步，可是他并没追出来。这会儿，雅然也不知道他是在安抚他妈，还是在找朋友喝酒解闷。

因为什么事呢？雅然得仔细想，才想得起来，因为事情真的并不大。

是因为 3 岁的儿子。今天是冬至，婆婆一早就给全家人打电话，说晚上过去吃饺子。每逢这样的日子，他们家都要聚一聚，雅然有的时候觉得婆婆挺辛苦，虽然是为了增进感情，但几乎所有的活儿都是婆婆一个人干了，且不让其他人动手。雅然隐约地提过几次，建议减少一些聚会，省着婆婆因此操劳，但婆婆却无所谓地说，只要一大家子人能够在一起热闹热闹，她就不怕累，这都是她的儿孙呢。

雅然也就不再说什么了，反正婆婆自己愿意，她又何必得罪人。可是，和婆婆在对待孩子的问题上，她却没办法视而不见。不知道婆婆家怎么会有那么多的零食，每次儿子一到，便是一座小山似的堆在他面前，还生怕他不吃，拆了一包又一包，抽个空儿还要喂给他吃。雅然一个劲儿在旁边喊着："不能吃了，太多了。"可没有人理她，她只好又对儿子威逼利诱，但是都没用，反而还被大家指责。儿子的后援团太多了，且个个都认为只有给儿子嘴里塞吃的，那才叫疼爱。雅然忍不住想，你们怎么不住自家的孩子家呀。

结果，吃饭的时候，儿子吃不下了。吃了那么多零食，当然吃不下正餐，雅然无奈只得同意儿子放下碗筷，可婆婆却又说她太宠溺孩子了，正餐嘛，哪能说不吃就不吃。于是，婆婆就拿着个小碗小勺追在儿子后边儿喂。儿子被喂得眼泪汪汪的，委屈地看着雅然道："妈妈，我好撑……"雅然瞧着心疼，于是挡着婆婆的饭勺，回了一句："妈，他再吃下去肚子都要撑坏了，搞不好要进医院呢！"婆婆顿时伤心了，自己忙活了一上午，怎么能把这么个小孩子给害得要进医院呢？何况，这孩子是橡皮肚子，哪里会撑坏？她养的几个孩子小时候可都是尽着他们吃的。

"妈，现在时代不一样了，他们小时候活动量大，现在孩子成天坐着不动呢……"雅然刚解释，婆婆却不听，认定了她是故意的，养大那么多孩子，没听说过吃点儿零食就不吃正餐的。雅然顿时感觉好笑，那时候有零食吃吗？或者说有这么多零食吃吗？于是你一句我一句，声音越来越大，竟吵了起来。

婆婆一伤心，全家人就都对雅然横眉冷对的了。她唯有看着他，希望他能帮着说上一两句，可他却回了一句："你少说两句！"雅然顿时就委屈了，她的那些话哪一句不是想了又想才说出来的？哪一句是故意找碴儿的？这样的环境让她窒息。她抓着包，便跑出了婆婆家，身后还传来儿子的喊声："妈妈！"

想到这儿，雅然忍不住给自己的母亲打电话，觉得当初的选择是一个错误，为什么要选择那么一大家子人呢，如果找个独生子嫁了多好。那边妈妈却笑了，回她：谁也不是石头缝里蹦出来的，家里的亲人再少，也需要亲情啊！雅然心里很恨，焐他都焐不热，还要去焐他的家人吗？可是妈妈却肯定了她的说法，有些人对亲人看得极重，焐热了家人，也就焐热了他。这样的男人，是个宝呢，因为爱情总有一天要变成亲情，你也是他的家人。

雅然没想到妈妈会说出这样的话来，可是却不得不承认，妈妈说的话其实是挺有道理的。她之所以心里不平，更多的原因是觉得他对家人太好了，可是仔细想来，他最初并没有把她放在家人的后面，是自己一再地闹腾之后，两人的关系才逐渐变淡。以至于到现在，在家人的面前，他都不愿意帮她说一句话。

思忖了许久，雅然决定还是按照妈妈说的试一试，不管怎样，结果总不至于会有遗憾。于是，再次聚会的时候，雅然像妈妈说的，早到一会儿，帮着婆婆择择菜，却发现有许多话，倒能在这择菜中轻松地说清楚，婆婆是老思想，但却并非不通情理。婆婆炒菜的时候，她也不再拿着手机，而是一边照顾儿子，一边和哥哥姐姐们聊天，她发现他们其实都是挺幽默开朗的人。原本，雅然还以为他们会给自己脸色看，却没想到，大家竟然像是忘了那件事一般。而他，那晚竟拥着她悄悄地说，其实一直特别希望她能够融入自己的大家庭，可是又不想勉强她，所以也为此很是为难和纠结。

听了这话后，雅然终于明白，追求幸福的婚姻是没错的，只是她忘了一点，婚姻不同于爱情，婚姻不是两个人的事，它包括爱情，但也不能落下亲情。就像婆婆做的那一桌子饭菜，大菜、配菜和主食一样都不能少，少了哪一样，都不够完美！

夫妻间，需要一个合适的距离

看着墙上的时钟指到晚上 6：30，兰沁忍不住拿起手机给老公打电话，平时他都是 6：20 就到家的。

这本是每天都要做的事情，兰沁也没觉得有什么不好的，可 5分钟后老公终于到家，却大发雷霆道："你能不能别老是打电话？就为了接你这么一个电话，我差点儿撞车了。"他的话让兰沁既担心又委屈，不过就是打了个电话罢了，她哪儿知道他当时在开车呢？再说了，自己不也是关心，怎么就那么让他难以接受了，一点儿都不能体谅。

"以后如果有事我会给你打电话说一声，如果没事，也会按时到家的。"说完这句话，老公连饭都没吃，便进了书房。兰沁的眼泪顿时就像珠子一般地往下掉，什么叫没事也会按时到家，今天不是没说吗，怎么就没按时到家？老公虽然没有明说，可是那意思兰沁哪能不明白，分明是嫌她打扰到他了，而且还像是忍了挺久似的。

可是作为夫妻，想知道他的情况，难道不是很正常的吗？兰沁越想心里越气。反正菜已经做好了，他饿了可以自己去吃饭，一转身，兰沁躲进房间里看朋友圈，却发现一大帮朋友说今天因为下雨路滑，有车追尾，因此主干道上堵车了。她这才知道，老公可能还算是回来得早的，许多朋友可能还堵在路上呢。可是这样的事情，一句话就可以解释得清楚的，可他偏偏要发脾气，分明就是借题发挥嘛。

第二天是周末，想到老公昨天晚上的态度，兰沁仍然觉得委屈。原本周末一定要在家里陪着他和儿子的，这一次破天荒地约闺密去逛街。

只是才到中午，兰沁便有些魂不守舍，心里空落落的，不知道他和儿子在家里会怎样，中午吃的是什么。同时也有些埋怨，怎么就不知道打个电话来呢？见闺密还是那副气定神闲的样子，她忍不住问闺密，都是当老婆和当妈的人，怎么她可以做到不担心家里的老公和孩子。闺密个性极为洒脱，说辞职就辞职，遇到对的人半个月就闪婚，但生了孩子后，倒是自己手把手地带，只是自幼便采用"放养"的教育方式，孩子 3 岁就开始教学泡方便面，5 岁学煮面条，7 岁就会自己做西红柿炒鸡蛋……现在儿子上小学高年级了，几乎不用大人管了。对于老公，闺密更是放得极为彻底，对老公的要求只是，你别让我想找你的时候，找不到你。其他的，一切请便！

曾经，兰沁认为闺密放手放得太过了，何况她也不是那种倾国倾城的大美女，万一这样放手，放着放着，婚姻就真的给放飞了呢？到时候后悔都来不及。可是现在，事实证明是兰沁错了，闺密两人的日子过得极好，每次去闺密家，她都带着一肚子的羡慕回来，为什么别人家的夫妻可以过得那样轻松自在，时不时地还能彼此开个玩笑，明明他们的儿子都快要上初中了，眼里洋溢着的浓情蜜意，就跟谈恋爱的时候一般。

兰沁一直认为每个家庭都有每个家庭的过法，闺密家的做法不适合自己的家庭，而自己也做不到什么都不管。可是现在，找不到方向的兰沁忍不住想向闺密取经。只是，闺密却什么也没说，倒是忽然将脸凑到她面前问："能看清我的脸吗？"兰沁苦笑，这么孩子气，这么近，别说看不清脸了，而且感觉还挺诡异。不过下一秒，她倒也明白了闺密的意思，近到看不清你的样子了，感情又从哪儿来？没有了感情，幸福又从哪儿来？

只是道理说起来总是简单的，现实却总是那么残酷。兰沁觉得自己还是做不到像闺密那样撒手，万一……她不敢想。虽然不能说婚姻是她的唯一，可是对于她来说，真的很重要。

回到家，兰沁没有看到预期中两张愁眉苦脸的脸，反而是阳光透过玻璃窗柔柔地照在地板上，一大一小两个人坐在阳光里下国际象棋。儿子的技术肯定不如他，可是他也是一脸地认真。见到她回来，两个人都洋溢出温暖的笑容，一同问她："今天玩得开心吗？"那一刻，兰沁其实想说，不开心，不知道你们俩在家好不好呢。可是，她还是闭了嘴，然后点点头，因为很明显，他们在一起很开心。

事后，兰沁忍不住想，闺密的话或许是对的，夫妻和家人间应该有一个距离，一个能够温暖彼此、又可以欣赏彼此的距离。离得再近，再如何貌美，都会显得有些狰狞。

自那以后，她开始想着拥有自己的生活，除工作之外，拾起了自己钟爱的画笔，每天在画布上涂涂抹抹，也开了自己的公众账号，写一些感悟类的小文章，并因此拥有了自己的朋友圈，喝茶、爬山或者徒步而行。渐渐地，兰沁发现这样的家庭才是正常的，儿子偶尔会抱怨，妈妈不在家呀！但却对于她的文章和旅行更感兴趣，甚至还写过一篇作文，叫作《我的妈妈是作家》。兰沁不免觉得好笑，但也很感慨，现在的生活，就像是在密封的空间里吹进了一缕清风，让她格外舒心。

而让兰沁最没想到的是，原本对她的生活毫不在意的老公，竟然会转发她的文字，欣赏她的涂鸦，甚至也会在她画画忘情的时候，默默地把手头的家务给做了。虽然老公做得并不是很好，但是兰沁已经很满足了，要知道，10 多年的婚姻生活里，老公可是连拖把都没有拿过。

"老婆，你越来越漂亮了。"那天正沉浸在作画中，兰沁忽然听到老公这样说，笔一抖，在画布上出现一团墨迹，但她的心里却是暖的。兰沁知道，其实她还是原来的那个自己，所有的爱好都是之前她有的，只不过离他远了一点点，这一点点，便让她在他那里有了一个完美而美好的形象，也让这恰到好处的距离，变成一个美好的距离。

婚姻中，也要学会调整自己

那个周末，从菜场买菜回家，学君在路上遇到一个小伙子在发广告宣传单，很明显，他是个大学生，脸上还有羞涩的表情，不大敢看人。

想到自己年轻的时候，也有过这样的时候，如果被拒绝，心里会特别不是滋味。于是学君打定了主意，一定要接传单，如果有必要，还要鼓励小伙子几句。可是等到她走到小伙子面前，伸手去拉宣传单的时候，小伙子匆匆抬头看了她一眼，挤出一句："谢谢阿姨。"

谢谢……阿姨？学君之前的那些善意在一瞬间一扫而空。我是一个阿姨吗？学君不是没被人叫过阿姨，但顶多也就是个小学生。可是今天，是一个比自己还高的大学生，居然叫自己阿姨！心里一气，将宣传单又塞进了小伙子的手中，不解的小伙子还在后面喊："阿姨……"

　　回到家，学君迫不及待地将事情经过讲述了一遍，然后气愤地问老公："我像阿姨吗？他那么一个大小伙子，居然叫我阿姨。"老公今天因为工作上的事情，回家后还要回来加班，因为也没想太多，竟然点头道："以你这个年龄是可以当大学生的阿姨了，而且，我看着你……时常想起我妈来。"说到这儿，还停下正在敲键盘的手，脸上居然还露出一些缅怀的神情。婆婆去世好几年了，老公一说起来便很是伤感，可是这会儿，学君真心不希望自己有唤起老公想起亲妈的作用。

　　跑到镜子前，学君看着里面的自己，因为是周末，所以她并没有太在意衣着，于是一身灰扑扑的家常服，头发盘起来。不是参加晚宴的那种盘，是做家务的那种，用发夹随便一夹盘起来。这形象的确很像阿姨！

　　不对，我平常不是这样的！学君觉得挺冤枉的。在公司的时候，大家一致认为学君是最有味道、最有魅力的女人，人还没老，却又有着成熟的韵味，而且工作做得利落，什么事情都能手到擒来。学君也一直认为这样的自己，是人生中最好的年华，如同一朵花，开到了最耀眼的年纪。可是现在，竟然在一个小伙子和老公面前成为了"阿姨"！

　　学君不由得想起这些年的婚姻生活，越来越像两个熟悉的亲人，了解对方的一切，轻易就知道对方喜欢的是什么，讨厌的是什么，毫无悬念。有的时候学君甚至还会为这种关系沾沾自喜，轻松自在，不用猜测对方的心，稳定，有一个家在身后撑着，只需要努力去工作就可以了，所以她和老公的事业才发展得很好。可是现在，学君情不自禁地想，谁愿意一辈子和阿姨在一起过日子？瞧着老公一副社会精英的样子，她心里便堵得慌。

一定要改变这样的形象！回家不换衣服？那不可能，做饭、洗衣服、拖地……一大堆的事情指望着穿着高跟鞋和包臀裙来完成？想都不要想。尤其是那高跟鞋，会磕坏地板的，可是大多数的女人一旦没穿高跟鞋，便和"风情万种"四个字沾不上边儿，学君自认不是那种披着麻袋都能成引领时尚的美人。

既然如此，那不如把自己工作时的那一面展现给老公看，隐隐地，学君想知道老公还会不会认为自己是阿姨。毕竟，那个大学生找不到了。

学君的公司离老公的单位并不算远，中午推掉同事一起去逛商场的邀约，踩着高跟鞋，买了写字楼附近最好吃的私房蛋糕拎了过去。当老公单位的前台知道学君的身份后，那种惊讶的眼神，让她心里好受了一些，后背都挺直了许多。当然，最重要的，还是他！

"你怎么……来啦？"没想到老公竟像个毛头小伙子似的，有一种强装镇定的手足无措。像是复了仇一般，学君长长地吁了一口气，知道自己这一趟是来对了。

私房蛋糕是送给老公的同事吃的，这会儿不饿不要紧，一下午的时间不会变质，到那时候，学君知道，自己便会成为他们心中的女神。只是没想到，老公送学君下楼的时候，竟在她耳边悄悄地说："我们单位的小伙子说有个女神来找我，我还惊讶着呢，没想到竟是你。"她想笑，可是又笑不出来。她每天下班要比老公早半个小时，因此老公一般情况下是没有机会见到学君这一面的。

自那以后，学君开始时常约老公出来吃饭，有的时候稍微有些忙，就让他来自己的办公室等。等待的过程，也是宣传自己的过程，让他看到自己的工作状态，学君相信这个时候的自己，肯定不会是阿姨的形象。如果一个人也可以用商品比喻的话，那么她相信自己现在应该是一个比较有价值的商品。

这样的一种宣传，效果不错，老公看学君的眼神再也不像以前那样平静无波了，反而会在周末安排着全家人去餐厅吃个西餐，然后看场电影。也会在学君面前说一些令她面红心热的话，这些都是她以前不敢想的，可是当这一切真的展示到她面前的时候，她才发现，其实，相比较起之前的日子，分明现在要幸福许多。

这一次经历让学君彻底明白，家的确是港湾，但女人需要全面的经营自己，才能够成为这个港湾的长期居民，她不知道如果没有这样一次意外，她之前认为的稳定，是不是真的可以长久地进行下去。学君开始将自己全部都敞开在老公的面前，随性的一面、精干的一面，慵懒的一面、娇媚的一面，而不是如以前那般，认为他是一辈子要牵手的人，所以只在他面前展示最真实的一面，却忽略了爱是有前提的，也是有阶段的。虽然婚姻要有责任来担当，但是，但爱永远是最好的基础。

许多女人"苦心竭力成家计"，却"得到那时在梦中"。如果高调一点，把家当成事业一样去经营，把自己当成产品一样去"营销"，彻底展示出自己的女人魅力，家里的那个男人，未必真的会以为"野花儿更香"。对男人也一样，一个在家里，将脚翘在茶几上，烟灰四处弹的男人，又如何能与职场上的那些精英相提并论？因此，当我们的婚姻出现动荡时，得先想一想，是不是我们自己出了错。

平视，才是最美的婚姻

当心露看到那一幕，第一反应是找个什么把自己遮起来。可是心里却又是委屈的，他怎么可以像电视里的男主角一样俊逸非凡，他怎么可以冲着她以外的女人笑得那么……心露不知道该怎样形容了，虽然她知道那笑容里没什么，或许只是比较亲近的同事，或者朋友，但，他很久没有冲自己这样笑过了。

心露觉得委屈，不是责备他，而是因为自己。想也知道自己现在是怎样的形象，齐耳短发，运动套装，一手拎着一个大的购物袋，而落地窗那边的那个女人，精致的妆容，珠粉色的职业套装，连笑容都恰到好处。她告诉自己，曾经他对自己比对那个女人要亲近得多，他会每隔几个小时就会打电话或发短信来，他一见到自己就将她揽进怀里，他总是把最灿烂的笑容留给自己……可是，心露知道，那些都是曾经了。

心露恨不得扔掉手里的两个购物袋，但到底，还是没舍得，那里面装着的是一家子的晚餐。心露又开始抱怨，自己为什么因为这边的超市打折，就要辗转半个城市跑过来，最后是省了 10 几块钱，可却堵了心。

晚餐刚做好，他便到家了，很准时！

"下午忙什么了？"心露特意问了下午，而不是像以前一样问"今天忙不忙"，心里却暗想，但凡他有一点儿不老实的，就跟他没完。可是他根本就没在意，而是坦诚地回道："和一个客户约在咖啡馆见面聊了些业务，喝了杯咖啡。"没告诉是什么业务，不是保密，而是说了她也不懂。甚至，还补了一句："那家的咖啡挺好喝的，下次带你去喝。"

心露原以为自己的心里会舒服一些，可是并没有。甚至，在他说带自己去喝咖啡的时候，都有点儿自惭形秽，她不知道自己是配不上那样的咖啡馆，还是配不是他。她希望，或者说渴望自己也能够像那个女客户一样，在他面前恰到好处地笑。

他还在，家还在！但终究说服不了自己，于是心露忍不住问："你还爱我吗？"他忙着打开电脑查资料，头也不抬地回了两个字："闲的？！问过多少次了！"

闲的！两个字像一个惊雷，在心露做家务的时候，接孩子的时候，问公婆吃什么菜的时候，一直在耳边响起。当鲜红的血液顺着菜刀喷涌而出时，她忍了多日的眼泪，终于也涌了出来。心露自辞掉工作回家做家庭主妇以来，从来都没有后悔过，她觉得这个家需要她，如果没有她每天忙忙碌碌地，这个家肯定没有现在这样的平和温馨。可是她的忙，在他看来，一点儿价值都没有。

婆婆知道心露的辛苦，见她又受了伤，就一定要她歇着，自己走进了厨房。他推开家门，见到是母亲在做饭，而心露竟然坐在沙发上发呆，微皱了皱眉，见她伸出受伤地手指，他却道："多大的人了，还这么不小心，还能干点二什么？"他或许无意，心露却听在心里，自己除了做一个家庭主妇，还能干什么？可是，没人认为家庭主妇是一件值得骄傲或尊重的工作。

"我要出去工作。"心露就那样脱口而出了，自己都吓一跳。他一怔，问："你工作……那家里怎么办？"她不免觉得好笑，待在家里的时候没有价值，可当你退出的时候，又成为不可或缺的人。可是，心露下定了决心，一定要工作。

他不解，自己也是很辛苦地为了这个家，为什么她却不能给他打理好后方的工作。若在以往，心露或许会哭诉，或许会不甘，或许会认命，但是今天，她只是摇了摇头。

心露没有太多的工作经验，只有一腔热忱，于是一咬牙，成了一家公司最年长的产品销售员。这份在别人看来如鸡肋般的工作，底薪都不够她请保姆的，但她却珍之重之，别人只是卖产品，而她不但把自己的产品琢磨了个透，还把客户单位的情况也摸了个透，不适合客户的她不上门，适合的客户没有一个跑得了。只要努力就有收获，心露充满了斗志，她甚至能看得见自己前面的路是金光灿灿的。

　　不过几个月的时间，心露便从入不敷出，做到了可以用自己的收入请保姆。后来业绩渐好，成为部门进步最快、是业务最好的销售人员，半年后竟被提拔为业务副经理。那一刻，心露躲到洗手间擦了擦眼角的眼泪，只要有努力有付出便会有价值，这就是她想要的。

　　心露去商场买了一件宝蓝色的职业装，许多人驾驭不了这个颜色，要么显土，要么就像是某营业厅的营业员。唯有心露穿在身上，神采飞扬，因为她皮肤白，因为她自信，因为她站在那里便闪闪发光。

　　餐厅里，心露向他举杯，他由衷地道一声："恭喜！"她笑着回："我终于站到了你的面前。"他宠溺地摇头，说她的性格还是没变，还是那么好强。可心露自己却知道，并不是好强，脖子仰久了，虽然眼泪掉不下来，但还是会酸。她更喜欢像现在这样，平视而行，所以她能看到了他眼里久违的宠溺，而不是像以前那样的冷漠。

　　"只有平视的婚姻才是最好的。"心露由衷地感慨，他愣了，解释说自己从来没有看不起过她。心露笑了，回："我相信，因为我太渺小，你都看不见我，又怎么会有看不起？而你认为自己也很辛苦，所以我也应该默默奉献，但却是不一样的，你的辛苦有明确而清晰的回报，你有社会地位，有自己的价值，可是我再辛苦也没有，所以你别不承认，我们已经很久没有平视过对方了。"他想辩解，最后却只说了三个字："很抱歉！"

　　不过是三个字，但对于心露来说，却等了许久许久。这三个字代表着心露自身的价值体现，更代表着她的家庭重新走上了正轨。

···········"次优生活"打造最适度的幸福···········

朋友圈里，曾经的同事阿玫晒出了自己的新车，佳盈愣了半晌，怎么大家的生活都坐着火箭的速度往前飞吗？前几天一个朋友还换了新居，在群里嚷嚷着搬家的时候，让大家一起去暖居。

下班后回到家，佳盈有些闷闷不乐，原本温馨的小家，也变得局促了起来。坐在餐厅，都不用转脑袋，便能将整个家尽收眼底。可是，她想要有一个带露台，最好是有前庭后院的家，夏天躺在游泳池里看云，冬天趴在开足了暖气的家里看雪。想想，这样的生活才够完美。

佳盈是个行动派，这样想着，也这样做了，她等不到两个人苦苦地攒钱再买低第二套房，而是硬逼着老公把现在的房子卖了，买了一个带露台的大套。只不过，那房的地段好，房子又大，现在房子的所有款项，只够那套房的首付。房子是毛坯，得先装修，可是装修的这段时间要在外面租房子，除了房贷，还得另付一份房租。于是佳盈咬咬牙，简单地铺了地抹了墙，一家人便搬了进去。只是这一搬，想象中的幸福日子并没有如期到来，除了每天一睁开眼就是愁房贷之外，佳盈都不知道幸福该去哪里找，生活过得异常沉重。

露台那块儿，原本计划得挺好，要布置成一个热林雨林小花园。可是在房贷的压力下，不论是她还是老公，都没有这个精力，也舍不得花钱，即使只是一盆花的钱。这且不说，露台不但成为想象中的小花园，还渐渐地成为了他们的负担，楼上总有垃圾飘下来，纸片、烟蒂、包装袋不说，甚至还有唾沫，有一次佳盈忍不住站在露台上提醒楼上的住户要注意素质，可最终的结果却是让垃圾越来越多。

"妈妈，我们可不可以搬回原来的家？"儿子趴在佳盈怀里撒娇，她苦涩地问，"现在这个家不好吗？你看多大呀，咱们都可以玩捉迷藏了。"儿子扭着小身子说，他不想在家里捉迷藏，他害怕找不到爸爸妈妈，他想和原来小区的小朋友一起玩捉迷藏。儿子现在上了旁边的贵族幼儿园，住在园里，每周周末回来，每次走的时候都是眼泪汪汪的。可是又有什么办法，这里就这个幼儿园近，其他的幼儿园和佳盈及老公上班的时间有冲突。儿子的哭声让佳盈有些迷茫，其实，她也挺怀念原来的小区，虽然不够高档，但人与人之间都熟悉了，一走到小区门口，便觉得很温暖。

夜里，佳盈忍不住开始质疑自己当初的决定，质疑自己一向引以为傲的雷厉风行。"其实，我也很累。"老公说。能不累吗？房贷、车贷加上儿子读贵族幼儿园的费用，压得他们都喘不过气来，每天一睁眼就是钱，连去超市里买一盒肉都要挑三拣四，不是嫌质量不好，而是嫌肉太贵。老公喃喃道：目前的生活真的是你想要的吗？真的是你眼里最好的生活吗？

佳盈默默地摇头，暗自回道：这不是我想要的最好的生活，它只是我在别人眼里最好的生活。其实市中心的大房子、带天窗 3.6 排量的好车、贵族幼儿园，这些当然都好，可并不适合自己这个小家庭，不适合他们这对能力并不特别突出、又没有父母帮衬的小夫妻。

在和老公长聊了一夜后，佳盈再一次雷厉风行，决定把市中心的房子卖了，到稍偏一点儿的地方买了一楼架空带院子的两居室。房子是二手房，已经装修好了，是房主给儿子准备的婚房，但小两口生了孩子后嫌离双方的父母太远，于是一直闲置着。

这一卖一买，手头竟还有些余钱。佳盈松了一口气，开始和老公一起精心管理现在的院子，养花种草，还养了一只小狗，又搭了一个秋千架。晴天里，老公整理多肉植物，儿子和小狗玩得不亦乐乎，佳盈就窝在秋千架上看看书，喝喝茶。周末的时候，如广告里说的那般，夫妻俩带着儿子和狗一块儿出游，瞧见个合适的地方便停下来野餐。儿子呢，就在小区附近的幼儿园上学，很开心，因为每天都可以看到爸爸妈妈了。更重要的是，在佳盈的支持下，老公放弃了原来高薪、但却压力非常大的工作，考进了市里的一家事业单位，在老公的工作稳定后，她干脆辞职在家，去追逐她在从小学到现在都没有变的理想——做一名自由摄影师，用一张又一张的美图来传达自己的生活理念。

佳盈终于明白什么叫一家三口的幸福生活，但却并不后悔，若不是有一番这样的折腾，她如何能明白什么叫尘埃落定。

后来，在一本书上看到"次优生活"四个字，佳盈不禁笑了，自己现在的日子便是"次优生活"吧，算不上最好，但日子过得却挺开心，该拥有的也拥有了，比上不足，比下却有余。生活中有缺憾，但从另外一个角度来说，也有进步和努力的空间，让他们能够在能够拥有的前提下，一点点地提升自己，完善自己。正如那句广告词说的：没有最好，只有更好。所以不如退一步，过适合自己的"次优生活"，给自己一次幸福的机会。

"老公你幸福吗？我好幸福！"入睡前佳盈在老公耳边轻轻地说，朝着梦想飞奔，不用再顶着身体的不适向客户赔着笑脸，不用再一边加班一边被领导加压，不用再头皮发麻地面对着一堆销售数据……真好！老公伸出手拍拍她的背道："很庆幸，能在中年的时候便能体味到岁月静好！"

那一晚，佳盈睡得很沉。其实，自从辞职回家后，她失眠的毛病竟不治而愈，每个夜晚都睡得安稳而踏实。

给幸福找一个秘诀

嫁给一个老实木讷的男人是怎样的一种体会？打一个不大恰当的比喻，是投之以桃，报之以李。我拿自己喜欢的桃子给你吃，你却用我不喜欢的李子来回赠予我，因此，我还不能说你不好，因为你也是一片好心。面对老公，沁渝便是这样的感觉。

沁渝原以为儿子高中住校之后，自己的日子会更快乐。可是怎么也没想到，儿子一走，突然轻松下来的她，却整日陷在过去的那些情绪里，种种往事都使她郁结于心，恨不得人生再重新过一回。

"你说我当初怎么就嫁了这么一个男人？"沁渝逮着一个人就念叨。记忆中的日子，那么些年，能让她记起的，都是他的不解风情以及他满身的缺点。沁渝还记得谈恋爱那会儿，有一回她的鞋带散开了，想起前不久看到的电视里那些浪漫的镜头，于是向他撒娇，想让他帮着系一下，可是他却来了一句："你自己不会吗？要不要我教你打结？"说起这事儿沁渝就恨，她当然会系鞋带，可是那会儿她只是想感受一下来自男友的体贴和宠溺，可偏偏他却来了这么一句，当时旁边离得近的人，还偷偷地笑呢。现在，沁渝都不记得，自己怎么就那么眼瞎，竟然嫁给了他。

听的人也很惊讶，这么久远的事情，你居然都还记得？其实何止，沁渝还记得怀儿子的时候，她想吃苹果，他竟然随手就递了一个橘子给她。这苹果和橘子能一样吗？还有婆婆，一直以为她怀的是女儿，就没冲她有过好脸色，直到儿子出生了才眉开眼笑。对于往事，沁渝的记忆里像是被数据储存了一般，随时想要随时取，而且还历历在目。

说得多了，不免就有人传到他的耳里。他没想到一直认为幸福的生活，居然在沁渝的那里都是那样地不堪，他想知道是从哪里出了错，可是当听到她说出那些事的时候，他竟然一件都想不起来，于是小心翼翼地向她求证。

他的健忘让沁渝更是委屈，觉得自己这么些年的委屈竟是白受了，你哪怕是不认可，你好歹也要知道有这么一回事吧？可是他忘得一干二净。"你怎么能这么没良心呢？"沁渝气得都快说不出话来，他则一脸地无辜："我没有认为你不辛苦，没有认为你对这个家没有价值，没有认为你不是个好妻子、好母亲……"在他的眼里，沁渝什么都好。

沁渝顿时无言，不知道该怎么回才好，只是眼泪"唰唰唰"地往下流。面对这样的一个人，你满肚子的委屈，只能自己往里咽了。

后来许多个日子，沁渝不再找人倾诉，而是脑子里不断地出现他懵懂的样子，心里愤愤不平，凭什么一样的日子，他就可以过得那么舒适，自己却像是在水深火热中度过一般。可是想着想着，也不知道是不是习惯了，她竟然没有最初那样的愤怒，甚至她忍不住问自己：究竟是哪里出了错？

直到那次去婆婆家，婆婆说起她妹子新添了一个孙女，沁渝忍不住问："那姨妈高兴吗？"在她的记忆里，婆婆可是不喜欢女孩儿的。谁知，婆婆竟呵呵一笑："怎么不高兴，女孩儿可是小棉袄，若是你们愿意，我都还想让你再生一个女儿呢。"沁渝顿时有些羞涩，儿子都上高中了……可是，婆婆真的喜欢孙女？那当年，难道自己误会了婆婆这么多年？

沁渝是一个凡事都要问个清楚明白的人，之前没问，是因为心里已经有了一个答案，可是现在答案似乎不是自己想的那般，她便禁不住又问："妈，如果当年我生的是女儿呢？"婆婆头都没抬，乐呵呵地一笑："我本来就指望你生的是女儿。"果然如此，沁渝心里一沉，可是婆婆又说了，"你没发现我做的那些小衣服都是花的？当时还怕你不乐意，没敢拿过去，但是再做也来不及了。"沁渝这才想起来，婆婆当年的确是拿了好多小衣服过来，只不过拿来得比较晚，她以为婆婆是因为生了个孙子才现做的，却没想到，婆婆是怕她不高兴，所以才纠结迟疑了一段时间。

这一切，竟然是个误会吗？可是自己误会了那么多年，这些个误会让自己还痛苦了那么多年。

"这么些年，我有没有做什么让你不舒服的事？"晚上回到家，沁渝问他。她不是不明白，大家过日子，总没有谁是完美的，自己肯定也有让他不开心的时候，可是他挠了挠头道："我忘了，我就记着你的好了。"然后他一点点地说，他记得谈恋爱的时候，他胃痛，她每天都会煲各种粥给他送过去；他记得当年经济条件不好，租房住，她丝毫没有怨言；他记得孩子生病了，她一个人抱着孩子去医院，直到孩子病好了，才告诉远在外地出差的他；他记得母亲住院，是她把孩子送回娘家，然后整日陪护在身旁……他记得许多事情，这些事情让他觉得自己是一个极为幸运的人，因为有她。

原来，他记着的都是自己的好，所以，他才幸福了这么些年，而自己记了这么多年他的坏，所以自己痛苦了这么些年。沁渝恍然大悟，但这么些年，真的是亏了。

沁渝开始学着改变，学着如他一般，去忘记一些她敏感的神经总会去触及的那些不开心的事。她告诉自己，那些不开心的事，肯定都是有误会的，肯定都是有另外美好的一面，绝对不是自己想的那样。然后，她再把它忘掉。就这样，沁渝的日子经过了近20年的阴天，终于渐渐放晴。

毕竟，婚姻不是一天两天的事情，它占据了我们一生中大多数的日光，总有些不开心不愉快的，如果都记在心里，哪还有空间和余地来存放幸福？面对那些伤心的事情，唯一的办法，也许只有忘记，忘记了之后心里剩下的就全只有幸福和快乐了。

沁渝将"忘记"当成自己的幸福密码，好在还不晚，还可以幸福好多年！

假设生活很幸福

不管是怎样的婚姻，是吵吵闹闹一辈子，还是没齿不忘，在许多人的眼里，总有一个标准。门当户对，婚姻幸福相对的概率便要大一些，如果双方悬殊比较大的情况下，不幸似乎就是预料之中的事。可是生活中总有那么一些人，你原以为她是不幸福的，可是偏偏，她却不知不觉地，幸福了一辈子。如林鸥。

许多人都以为林鸥应该是不幸福的，毕竟她嫁的人实在不是大家想象中那么理想的伴侣。老公吴柯不但比林鸥大许多，而且他家一贫如洗，并且连一份正式的工作都没有，虽然人是勤奋，但指不定哪天就失业了。许多人将自己置身于林鸥的位置，总觉得不够踏实，今天担心明天的饭在哪，这日子，如何能过得下去？可是偏偏，婚后 10 多年，林鸥经历了许多，但每一个阶段，你看到她都是一副幸福快乐的样子。

有人想，她是故意的吧？她是做给别人看的吧？她不能辜负自己的选择，所以她要把幸福做给别人看。不得不说，人们对于别人的生活，总是有着从未有过的清醒和判断，往往都能够一针见血。林鸥的确是在假设，假设自己的日子很幸福，只不过，她是做给自己看的。

嫁给吴柯，原因当然只有一个，便是因为爱。可是婚后的日子，除了爱却还是要生活的，衣食住行，哪一样都缺不了。林鸥家境优越，自小娇生惯养的她会有许多的不适应，也会有许多承受不住的时候。如临近新年，房东却挺不好意思地来通知吴柯和林鸥搬家，因为房东儿子突然辞职，准备回家乡来发展，总不能让亲儿子没房住，希望吴柯和林鸥能够理解。

不理解怎么办？毕竟是人家的房。虽然现在林鸥最讨厌的便是"搬家"两个字，若是这时候有人问她对生活有什么梦想，便是以后永远也不需要搬家了。可家还得搬。林鸥记得那一天下着雪，她窝在沙发上，心里如这天气一般冷。那一刻，她忍不住想，如果不是选择和吴柯在一起，会不会就没有这样的担忧，会不会烦心的只是过年买什么年货更合适？但过了那一刻，她便清醒过来，因为所有的如果都不可能存在，她也未必会选择那样的一个如果。

承受不起也得承受，深吸一口气，林鸥对正准备出去找房子的吴柯说，一定要找个带窗子的房子，因为她早就看好了一块绿色的格子布，做窗帘挂在家里，在冬天里就能看到春天；还要住顶楼，因为她喜欢养花种草，顶楼的阳光好，花草也一定长得好；对了，离公司稍微远一点，这样她走着上下班，就能起到锻炼身体的作用……原本只是想让吴柯的心里好过一些，而且林鸥想找的这房子其实会在价格上会便宜一些，可是她越说竟越期待，越说越觉得换一个新环境，再重新布置一番，似乎也没那么难以接受，似乎也可以很幸福很美好。说着说着，裹着大棉袄的吴柯，直接把林鸥拥进怀里，说："总有一天，咱们会有自己的房子，你想怎么布置就怎么布置！"

人只要努力，想要有的总会有。后来，他们终于买了房。只不过，连首付都是借的，房贷也不少，而且还意外有了孩子，两人谁都舍不得不要，于是林鸥挺着肚子继续工作，继续还债还房贷，还要攒下钱来生孩子。那几年，林鸥一年都没买过几件衣服，吴柯心疼得夜里都睡不着觉，林鸥却摸着肚子，得瑟地说："咱们宝宝长大了一定比别人优秀。"因为她每天锻炼身体，宝宝身体会很棒，有一个很棒的身体，就会有更好的精力去学习。而且，林鸥的工作都是和人打交道，宝宝每天接受各种各样的信息，以后肯定是泰山崩于前而面不改色……见吴柯仍然紧锁着眉头，一脸的自责，她又说："等咱们老了，坐在花园子里回想现在的日子，我觉得一定会特别幸福。"吴柯终于被逗笑了，他没有理由再让怀孕的妻子担心自己了，回忆苦难，的确是让生活更幸福的一种方式。所以，为了未来的幸福，现在就苦一点吧。

林鸥自己都没想到，最艰难的日子，竟然在她假想的幸福里，一点一点地熬过来了。当儿子系着红领巾和林鸥招手再见的时候，她长长地松了一口气，忽然竟有些迷茫，不知道未来的日子要再怎么去过了。这种感觉让林鸥有些慌，有些不适应该怎么办了？吴柯却笑了："用不着假设，因为我们本来就很幸福！"林鸥一想，可不是吗？现在的日子，是以前多少次憧憬的。不需要多有钱，但有自己的家；不需要多有爱，但两个人相依相守；不需要有多少激情，每天重复头一天的日子，便是另一种幸福！

终于，不用假设幸福了！但林鸥总还是会情不自禁地去想，未来的日子应该会更好一些，比方说房子可能会再大一些，儿子长大了考上一个好的大学，甚至她会将自己的育儿经验写下来，假设以后如果有了孙子，该怎样去教育他，才能成为一个合格的奶奶……这些，林鸥一个人放在心里偷偷地乐着。

林鸥和吴柯的生活还在继续，没有人会怀疑他们不幸福，但却不知道，虽然可能他们会如所有的夫妻一样，会有疲倦、会有矛盾、会有争执、会有许许多多的小琐碎来填满他们的生活，但真正让他们的幸福不褪色的，是他们拥有一种叫假设生活很幸福的能力。当这样一种假设充斥着自己生活的方方面面时，你不会有空间和时间去想什么叫不幸福。

如果生活是一张白纸，那么走进婚姻的男女便是两个设计师，你在纸上画下总是美好的一面，那么这一张白纸最后呈现的画面，自然是美不胜收。过日子的两个人，如果总是在假设幸福，再艰难的日子，生活的最后也必然会拐向幸福的方向。

幸福的婚姻无输赢

许多婚姻最后走到没路，都是因各种口角引起的。尤其是婚后两年的时间里，两个人度过了新婚的新鲜期，开始怀念自我，开始想让对方更加了解真实的自己，开始追求自己在家庭中的地位，于是开始为了表达自己的意见，出现争执与口角，往往一件极小的事情，赋予了这些定义之后，一不小心，就会变成了一场有可能无可挽回、伤人又伤己的"战斗"。

对于这一点，秦画体会得特别深。回想起婚后第二年到第三年，她都不知道是怎么过来的，脑子不时地便会浮现一句话：婚姻，果然是爱情的坟墓。秦画和老公是大学同学，原本以为对彼此很了解，但过了新婚的新鲜期，便知道，之前的那些了解，也就九牛一毛。如果每个人在恋爱时期表现出来的都是真实的一面，那这个世界一定是充满了爱的。

　　原本个性不同、生活习惯不同的两个人不会再为了对方而委屈自己时，便会出现各种不适应，之后便是想改变对方，让对方适应自己。那个时候，秦画和老公小到为刷牙一天刷两次还是刷三次而争论，有时还为了以后生了小孩是小区的幼儿园，还是贵族幼儿园，而争执。说"争执"只是为了体现自己还算是有文化的人，其实，凡事只要一张口，似乎对方总有相反的意见在等着，甚至为了要不要买捣蒜器都要辩个是非对错，与其说争辩，还不如说是吵架更贴切。如那个捣蒜器，秦画觉得太浪费钱了，可老公却觉得很省事。于是升级到价值观，最后别说捣蒜器，婚姻差点儿都捣散了。

　　那天，秦画和老公为了中秋节去谁家里过又争执了起来。秦画认为老公的老家在县城，如果回那边过的话，光在车上就要耽误大半天的时间，和家里人不过也就待上小半天的时间，还不如回自己娘家过，完了还可以一起去看场电影。但老公却认为，中秋节不比往常，回去不在乎待多长时间，而是有特别的意义在，哪怕只待上半个小时，也是值得的。何况秦画的娘家在城里，他们时常去，不在乎这一次。一说到意义上，秦画便赶紧抓住这一点反驳回去："难道就因为我们经常回去，所以我爸妈就不能在中秋节团圆了吗？"老公也不服输："你爸妈如果懂得道理，应该在这一次上做出退让，要均衡一下……"话没说完，秦画便道，情感是不能均衡的。结果，自然是不欢而散。

　　秦画不是真的想跟老公争执，可是有些想法，叫她不说出来，便如鲠在喉。记得当初结婚的时候，老妈把她拉到一边说："画儿，我可跟你说，婚姻不像谈恋爱，不是东风压倒西风，就是西风压倒东风，你可要把自己在家里的地位站稳了。"秦画原本没当一回事儿，两个相爱的人，干嘛非要压倒对方呢。可是到了磨合期，这些道理都没用，你就情不自禁地会去辩个清楚明白，但凡争赢了一次，心里就会舒畅很多，虽然那种感觉真的只是一瞬间。

两个人互不相让，争到最后，便牵扯到了感情，如果你爱我，为什么不让着我，如果你爱我，为什么一定要逼得我说不出话来？于是，非赢不可也不知道是为了什么。

这样的婚姻自然是过得挺累的，秦画开始怀念婚前一个人自由自在的日子。那时候，她会心血来潮地煲一罐汤，从城西送到城东，把那时还是男友的他感动得不行，当即发誓一定要一辈子都对她好。一辈子？秦画心里不禁有些无奈，如果真要这样吵一辈子，有什么意义呢？至于他当年说的话，是不是连他自己都忘记了？现在，自己的工资全都用在家里，每天还给他准备好饭菜，做好家务，可还是吵。想想，秦画便累了，开始质疑起婚姻来，果然是爱情的坟墓。

可闺密却不赞同秦画的说法。一个人如果真的非要争个输赢，且一定要凭着这样一份输赢来判断是否相爱，更是错上加错。婚姻里没什么输赢，只要对方不是人品低劣的人，就不能太计较了，这里面就没有赢家。秦画不赞成这句话，也不认为自己是在计较，更不能因为结婚就没有了是非观。

"那你说，你们平时吵的那些事儿，有个对错吗？"闺密掰着手指头在数，情人节你要送花，他认为生活要现实一现，有对错吗？

过年过节的时候，你想去自己的娘家，他却想回他妈家，这有对错吗？还有孩子，你认为孩子不能输在起跑线上，而他认为孩子有一个愉快的童年更重要，这有对错吗？秦画顿时说不出话来，这些，似乎真的说不出个对错来。

只是秦画还是有些不开心，就算真的没有对错，那为什么他不能多让自己一些呢？闺密却笑了："既然没有对错，你为什么一定要他输，而让你赢？何况，你们是夫妻，干嘛什么事都得争个子丑寅卯来，有人给你们发奖金？"一句话逗乐了秦画，不但没有奖金，而且还把之前的浓情蜜意都给争得烟消云散了。

此后，每每与老公发生意见相左的时候，如果是重要的事秦画只是把自己的想法说个清楚明白，不再一定非要按照自己说的去做，不再会因此去猜想老公是不是在意自己。如果不重要的事，秦画咬咬牙，干脆不搭理。久而久之，老公一个巴掌拍不响，家里又恢复了平静。秦画并没有因为自己的后退一步而有怎样的损失，反而，她真正懂得了什么叫婚姻。

婚姻是两个人的相处，两个单独的个人，又总是面对同样的一件事情，如果总是要以输或者赢为结局，那么可能就真的永无宁日。何况在婚姻里，唯一赢的只有"幸福"两个字，从幸福的角度去考虑，便是赢，而赢了争执输了感情这样的事情，则是最无知，甚至幼稚的行为。

排好老公的位置

那天看电视，一明星乐呵呵地说，在家里女儿第一，老婆第二，他第三，说完又觉得不大对，于是更正："其实是狗第三，我第四。"看到这一段儿，电视机前许多人肯定也是乐呵呵地一笑，但是笑过之后呢？就会发现生活还真是如此。

身边的许多家庭，都已经是凡事老婆拿主意，而老公只是负责出力，即使老公是每天早出晚归在职场累死累活，老婆每天穿着睡衣去打麻将，仍然是一副雄纠纠气昂昂的样子，从来没有意识到生活到底要怎样过才会幸福。如邻居阿叶，阿叶很喜欢打麻将，而且打麻将也很方便，楼下便有一家麻将室，她每天可以一睁开眼，下个楼梯就到了麻将室，甚至脸都可以不用洗，但即使这样，她家仍然是老公洗衣服做饭带娃，包括遛狗。

那次，阿叶正在专心地打牌，却听到旁边一位大妈指着窗外道：

"看你老公，这是人遛狗还是狗遛人？"阿叶老公身材瘦小，和阿叶形成强大的反差，这会儿正被狗拉着跑，几次都没拽回来。阿叶见了，也跟着笑，且回道："狗都遛不好，有什么用，回头换个会遛狗的男人。"这话大家听了哈哈一笑，有的人更是不管不顾地冲着窗子外面喊："你老婆说你连狗都遛不好，回头换个会遛狗的男人。"阿叶没放在心里，原本只是一句玩笑话，何况，在她的心里，老公真的不像个男人。

只是没想到，老公却很在意，质问阿叶为什么要那么说，阿叶却看着窗外的天色道："你还是赶紧先去把狗遛了吧，好让它回来睡觉，一会儿要下雨了它就不爱出去了。"于是，一直默默无闻的男人便造了反，趁着阿叶打麻将的时候收拾好衣物，到了机场他才给阿叶打电话，说他要去出差。

阿叶从来没想过，自己的生活会陷入这样一片混沌的状态，每天早晨要起床给儿子做早点，他已经被惯得不爱吃外面的早餐了，不给他做，他就宁愿饿着肚子去上课。然后便去遛狗，她这才知道，这狗真的不是好遛的，它脾气忒大，阿叶在麻将中被养得易静不易动的身子，遛一圈儿便是一身汗。最让阿叶难受的是，老公出差已经3天了，竟然一个电话都没有打回来。

老公出差半个月，阿叶打麻将的次数屈指可数，因为没时间。这半个月，阿叶每天都得买菜、交电费、水费，在儿子放学回家之前，还要准备好他要吃的点心，再去做晚饭。然后家里还有一堆家务要做，如拖地、洗衣服、给花浇水，等等，等到她忙了一圈后才发现，其实电费和水费都可以在网上交的。半个月后，阿叶老公回来了，阿叶的笑脸还没有完全绽放，便听到一句："我与狗，哪个更重要？"

若在以往，阿叶肯定会说：你一个大男人，和狗计较，你好意思吗？可是这会儿，阿叶却不敢说了，她更没想到，自己随口的一句话，却让老公深受伤害。尽管阿叶认为自己是在开玩笑，可有的时候，某些玩笑却是自己内心的一种投射，阿叶不懂，但是阿叶的老公懂。因为，那是一个男人的尊严。那个明星可以笑着对着电视机前的观众说，那是因为他知道自己真正的地位是什么，如果他的家庭地位，真的不如一条狗，他绝不会有这样的心情去调侃自己。

另外一个叫蓝的朋友，却聪明很多。蓝和老公都非常热爱生活，家里不但有孩子有狗，而且还有鹦鹉和乌龟，包括阳台上的那些花花草草，所以一下班，两个人都格外地忙碌，能瞬间从工作状态切换到居家状态。但，蓝有一个很经典的例子，让所有的人都明白，在他们家，不说老公的位置有多重要，至少不是那种猫猫狗狗可以比的。

那是一个周末，蓝买了一只炸鸡回来，儿子一上桌便直奔鸡腿而去，却被蓝半途截了下来。蓝问儿子为什么一上桌就要去夹鸡腿，儿子很委屈，这还用问吗？当然是因为鸡腿好吃啊。"鸡腿好吃我们都知道，如果真要抢，你抢得过爸爸妈妈吗？"蓝问。儿子自然摇头，但却难过得直抹眼泪，蓝无视儿子的伤心，而是郑重地告诉他，其实家里最该吃鸡腿的人是爸爸，因为爸爸每天早出晚归，是这个家里挣钱最多、付出最多的人，所以最好的食物应该给爸爸吃。

蓝的老公听了这话，却把另外一只鸡腿放进蓝的碗里："其实妈妈才是最辛苦的,她作为全职太太、全职妈妈,给我们做饭洗衣服,可累了。"蓝接着去厨房,把鸡腿剁成了块。最后全家人都吃到了鸡腿肉,家人的位置也分得清楚明白。自那以后,凡是桌上有好吃的,儿子都会给爸妈先夹一筷子,然后自己再吃。或者吃了什么好东西,都会给他们留一点儿。

虽然一个家庭最理想的状态是圆融的,可事实上总是很难做到,因为每个人的付出不一样,就会期待自己有不一样的家庭位置。如日本的传统家庭,男人在外面打拼,女人在家里收拾家务,但是男人会把所有的收入都交给女人,由女人来分发零用钱。这就使家人之间的关系非常均衡,让每一个人的付出都不被忽视,让每一个人的付出都是心甘情愿的,于是家庭也就由此走向了良性循环。

同样是没有出去工作的全职家庭主妇,阿叶和蓝的做法完全不一样,因此,她们家庭呈现的状态也就不一样。很明显,我们更倾向于蓝的家庭氛围,而一个幸福的家便应是如此,有付出有收获,有家人之间互相的体谅,互相的理解和尊重。最重要的是一个对家庭有导向作用的女主人,应该要学会把老公排在最重要的位置,让他明白,他的付出得到了认可,这个家庭的幸福,他有责任去维护。

要把老公当成"外人"

斯萌和老公吵了一架后，气得回了娘家。倒不是离家出走，而是作为女儿，只有自己的妈才会毫无保留地听着自己去批判男人。而且斯萌很清楚，不过是吵架，日后总是能够和好的，和自己的妈说，事后再在一起，不会觉得被打脸。

这次的事也不大，不过是眼看着就要换季了，想让老公陪着自己去商场买几件衣服，不想老公却往沙发上一缩，"在网上买不行吗？"斯萌便有些不高兴，又不是为她一个人买，何况这只是买衣服吗？这还是交流感情的一种方式啊。女人有的时候往往接受不了事情的本身，而是某一种变化。如前几年，老公都还是很乐意陪斯萌去逛街，甚至还得意地说，只有他选的衣服才最适合斯萌。现在呢，哪怕斯萌披着一个麻袋片儿，估计他都会头也不抬地点头称好。

不仅仅是逛商场这件事，还包括生活中的方方面面。曾经老公很体贴，斯萌"吧叽"一下嘴，他就会问她要不要喝水？然后调好温度端到手上。现在让他烧壶水，他都会回一句："这点小事也要我来？"斯萌很想回一句，家里需要什么大事要你出面？以前斯萌稍微晚一些回家，他都会电话不断，还亲自来接。现在呢？只要斯萌不给他打电话，他就会认为是安全的……真是越想越生气，早知道这样，当初就别对我那么好啊，没有对比就没有伤害！斯萌拎起包便打车回了娘家。

斯萌妈看到斯萌自然很高兴，聊了会儿，斯萌才发现爸爸不在家，于是问："妈，我爸呢？"斯萌妈这才抬起头看了一眼时钟，不确定地回："我也不知道你爸去哪儿了，不过快 11 点了，该回家了。"斯萌不禁瞪大了眼睛，不解地问："妈，你们俩都退休了，成天待在一块儿，怎么能不知道我爸去哪儿了？"

"瞧你说的，就算是到了 80 岁，你爸也只是我的丈夫而已。"斯萌妈瞥斯萌一眼，继续择菜，一句话竟然把自己和丈夫的关系撇得干净。斯萌听傻了，什么叫只是丈夫而已？妻子和丈夫，难道不是最亲密的关系吗？可斯萌妈却摇头说："至亲至疏夫妻，丈夫和妻子可以是最亲密的关系，但也可以不是！""夫妻"是这个世界上最莫测的一种关系，既会亲密无间，却也有可能疏远到老死不相往来，从来就不是一成不变的。

斯萌听着竟有些心冷，想着从恋爱到现在两人之间的变化，难道到最后，真的要走到"至疏"的地步？虽然平时偶尔会相看两厌，但斯萌还是不想走到那一步。"你只要明白一点，丈夫丈夫，一丈之内是夫，一丈之外就是外人，当他是个朋友来相处就好。"斯萌妈说完正好斯萌爸进门，两人打了个招呼后，斯萌爸过来帮着择菜，主动告诉老妈他早晨出门下棋的时候，听到隔壁老刘说超市里牛肋排打折，因此就赶过去了。"好不容易挤到柜台前面，却被别人抢光了。"斯萌爸笑称自己老了，比不上年轻的时候矫健，斯萌妈却笑着安慰，就当是锻炼身体了。

看老爸和老妈之间的相处，斯萌似乎明白了什么，曾经她一直以为老妈性格大大咧咧，什么事她都不上心，现在才发现，原来老妈对待婚姻的态度是大智若愚，当你是个外人，保持距离的同时，也给对方和自己留着空间。

斯萌不禁想，如果是男性朋友不陪我去逛商场，我会生气吗？她想自己不但不会，还会为自己提出这样的要求而感到不好意思。这样一想，她就真的释然了。

心境的改变，使斯萌后来都再没有像以前那样和老公冷战，平时也不再要求他出门要拥抱，下班要及时回家，有事不能瞒着……每当心里有不爽的时候，她便在想：如果他是个外人，我该怎么办？然后便能释然，和外人比，他确实真的很不错！或许，如老妈所说，像亲人一样关爱，如外人一样无求，这才是婚姻幸福的真谛。

斯萌的变化老公也是看在眼里的，他情不自禁地也开始反省，是不是自己做错了什么，所以斯萌才会渐渐冷淡。虽然斯萌只是改变了自己对待婚姻和爱人的态度，但在老公的眼里，却是一种叫他有些心慌意乱的冷淡。于是老公开始关注斯萌的一举一动，过去的那些事情也让他明白自己对斯萌的疏忽，于是又开始拿恋爱时的标准来约束自己。斯萌并不知道是自己的观念改变了老公，她只是觉着，这样的幸福，是从前没有过的。

女人是个非常感性的动物，在外人面前会很坚强，但在亲人面前又会很柔弱，并常常会把自己的喜怒哀乐都毫无保留地倾诉出来。只是却忘了夫妻关系并没有我们想象的那样牢靠，如果你懂得珍惜，它会回馈给你从来没有过的温暖，如果你知道撷取，那也终有一日会人去楼空。这也就是婚姻的魅力所在，它从来都不是风平浪静的。

所以女人们倒不如先给自己一个设定，设定他是一个"外人"。那么，当他在和我们共同承担家里经济支出的时候，一起照顾父母的时候，为我们的健康而忧心的时候，将肩膀和胸膛毫无保留地让我们依靠的时候，我们才会懂得感恩，懂得珍惜，而这样的一份心境，同样能够感染到他。从另外一个角度来说，把爱人当"外人"，离他远一些，给彼此一个思考的空间，让你和他都明白感情的可贵，而幸福，从来都和"珍惜"相依相随。

婚姻不要"点评师"

一对夫妇最初走进婚姻的时候，各方条件大多是匹配的，不会有太悬殊的差距。即使有，也会被一种叫"爱情"的东西填满，彼此都会想方设法地拉近距离。可是当婚姻进行到了一段时间之后，当初的差距就会凸显得更加明显，甚至有些原本势均力敌的婚姻，最后都因为彼此各自投入的不同，甚至对婚姻和生活的侧重点不同而出现鸿沟。

阳子原本和老公是大学同学，两个人是大家公认最好的一对，一个有才，一个有貌，大学毕业 3 年后结婚，第二年便有了孩子。顺顺利利地按照步骤来走，只是有了孩子后，阳子便纠结了，她不想把孩子交给双方父母，坚持孩子由自己带出来会更优秀。可是阳子的事业正处于上升期，前途一片光明，放弃真的太可惜，于是便和老公商量，问他能不能把重心都投入到孩子身上。老公虽然不是很乐意，但毕竟阳子说的有理，孩子是自己的，总不能放任不管，何况自己的事业前景，看上去的确是不如阳子。

就这样过了 3 年，阳子在职场一升再升，可是婚姻却越跑越偏。由老公打理的家，阳子怎么看都觉得不满。

那天朋友家搬新居，一家三口原本挺开心的，可是一回到家阳子便不高兴了，"你看别人家那么整洁，再看我们家，你就不能收拾得干净些？"老公也觉得自己家的确是有些乱，听阳子这么说，便情不自禁地开始琢磨应该怎么整理。第二天老公买了几个整理箱回来，想把没用的物品都放进去，可是一旁的阳子却摇头道："你就算买 10 个整理箱回来又有什么用？还不是堆在家里，不用的东西就扔了。"虽然老公听着有些不舒服，但阳子的话也不是没道理，只得又重新分类整理，而阳子却在旁边玩手机。

可是，毕竟家里还有个淘气孩子，因此，没几天又乱了。老公这才明白过来，一个有孩子并生活了好几年的家，怎么可能和刚搬进去的新家相提并论呢？阳子对老公的说法却不置可否，她有自己的想法，日本好多家庭生活了几十年，还不是很干净？而且，孩子都是一张白纸，就看你怎么去画，你把他带得那么调皮捣蛋，这能怨孩子吗？

这么一说，阳子便觉得老公没把孩子的这张纸画好，于是开始关注起孩子来，孩子晚上超过了 8：30 还不睡，阳子便对老公说："你得催他睡觉了，孩子睡眠不足对身体不好。"孩子边吃饭边看电视，阳子又摇头，皱着眉对老公说："你应该给他制定一个制度，有奖有罚才能教育好孩子，比方说吃饭的时候不能看电视，否则不带他去公园玩！"孩子半懂不懂的，这话可是听得明白，于是一挥手朝阳子拍了过去，阳子却侧目怒视着老公。早晨孩子不愿意起床，老公急得要发脾气，却被阳子给拦住了："这是你的问题，你应该提前一会儿叫他，给他一个缓冲的时间。"阳子对老公是越来越失望，甚至觉得陌生，生活没有规划，个人要求不高，不能科学育儿，连家务都打理不清楚，她记得谈恋爱的时候，老公不是这样子的。

直到那次，阳子在阳台上打电话，挂断电话后，见花盆都是干的，便没好气地对老公说："你行不行啊？家里被你打理得一乱团，我下班回家的时候，就看到门口一堆鞋，你看这花儿的水都不浇……"话没说完，忍无可忍的老公回道："家是我一个人的吗？你进门的时候摆一下鞋不行吗，花干了，你不能动个手浇一下吗？我们究竟是夫妻，还是考官和学生，或者是上下级的关系？"一席话，让阳子呆立当场。

"我难道对这个家没做贡献吗？咱们难道不是分好工的吗？"阳子气急，可是老公这次却不示弱，反而回道："你上班的时候我也没闲着，你下班的时候我还是没闲着啊，你如果真要分得那么清楚，我既然没有指责你工作上的事，也请你不要来指责家里的事。"

在老公的咆哮中，阳子眼泪汪汪的，可是又说出来什么来。因为老公说的都是对的，其实，家里的一切似乎真的都和她没什么关系，房子装修是老公的事，孩子是老公带的，饭是老公做的，水电费是老公交的，人情往来也是老公打理的，而她唯一付出的便是月薪比老公高。其实，如果当初真让老公出去工作，也不一定就比阳子差，他那个公司现在可是蒸蒸日上。"你如果真的在意这个家庭的话，就不要老是动嘴，也动动手！你到这个家里是来过日子的，不是当评委的。"老公忍了许久，这次终于忍不下去了。

其实，像阳子他们这样的男女在生活中真的不算少，甚至有些都没有阳子这样的职场成就，但却一样能把身边最亲近的人指挥得团团转。眼睛如同雷达一般，可以发现生活中许许多多不合心意的地方，可是呢，自己动动手指头都觉得是一件麻烦事。只是，家庭是需要双方共同去承担的，甚至孩子长大后，他也需要参与其中，唯一不需要的便是抄手而待，高高在上的"点评师"。

如阳子，即使工作再辛苦，也可以和老公一起整理一下旧物；下班到家的时候，看到鞋子乱了，顺手理顺了并不是多难的事；发现孩子有了什么不良的习惯，和老公商量一下，共同来给孩子培养好习惯，不仅有利于培养夫妻之间的感情，而且还增加了亲子时间，何乐而不为呢？当我们可以做到的时候，尽量少动嘴。因为，有些话如同一阵风，会把幸福越吹越远。

共同参与其中，把"点评"化为行动，家庭将会更加和谐、更安稳。

会生活的女人更幸福

我们常常会发现一些女人特别得命运的偏爱，她自身似乎就是个幸福的载体，她走到哪儿，便会把幸福带到哪儿。幸福在这样的女人那里，和经济条件无关，和家人的性格无关，和工作好坏无关，不管是出现怎样的情况，她总是会让自己很幸福，也能让周围的人感受到幸福，甚至你会觉得，不管她和怎样的人在一起生活，也总是能够很幸福。

这样的女人可能不会很漂亮，也可能并没有太高的学历，但是，她一定是一个懂得生活、且会生活的女人。

记得还在报社工作的时候，有一次去采访一个病人。病人家境不好，因此非常需要社会的捐助，我们是抱着一颗悲天悯人的心态去的，可意料之外的是，病人并没有我们想象的那种颓废或者忧心，一见到我们就笑得很开心。那天下着雨，原本去的时候，大家担心病人的情绪会不会更差呢？可是反而是我们瞬间被病人的笑容治愈了。得知守护病人的妻子去交费了，因为有些事情，于是我们特意等了一会儿。

病人住的是大病房，病房内有近 10 个病床，因此一直都有人出出进进。可是，当病人的妻子出现的时候，我们一眼就认出她来，全都不约而同地起身，因为她身上有一种气质，和病人身上的很像，那便是一种带着倔强的温暖！得知我们的来意，病人妻子很是感激，却没有流泪诉苦，反而看了看窗外面的天气说："今天天气不好，你们可都得保重身体。"很平常的一句话，但从病人妻子口中说出来，却令人很是动容。

接下来，我们听到最多的两个字，便是"还好"。生活过得怎样？她回："还好！我会做萝卜饼，婆婆来换我的时候，我就去卖萝卜饼，可以换回一个月的生活费，可惜他现在吃不了我做的萝卜饼了。"他的身体现在怎样？她回："还好！虽然他吃不了多少，但是熬的八宝粥还可以吃上小半碗，可是非得我喂！"你有没有觉得很累？她回："还好啊，日子其实都是一样地过啊。"说到最后，我们竟发现，除了医疗费差太多以外，似乎他们的日子真的还好。

"看你们挺幸福的样子。"我忍不住问，话一出口，似乎又觉得不妥，但病人妻子却认真地点头："虽然他病了，但我们还是挺幸福的。"我注意到病床旁边放着一件织了一半的毛衣，毛衣上的花纹很是复杂，很明显，是给病人织的。

后来，我们又去病人的家里采访。病人家住在一楼，一扇木门，中间的缝隙可以塞进一只手掌，但却刷上了蓝色的油漆，门上还挂着端午节时的艾草，门旁边的红色陶缸里种着一缸的多肉植物冬美人，虽然是我们这里常见的，但旁边的同事仍然惊呼："好文艺啊！"进屋后，真的是家徒四壁，电饭锅是最明显的家用电器，其他称得上电器的东西，便是电灯和桌子上的手电筒。可是，我们却都不约而同地感觉这个家其实是很温馨幸福的，一切都很整齐、很干净，仔细看便会发现，窗帘虽然是用旧衣服拼成的，可却又不是随随便便拼了一块布挂起来，而是拼出了一个向日葵的图案，虽然向日葵的花瓣不是黄色的，但仍然叫人看了心里暖洋洋的。拉开窗帘，窗台上居然放着一盆文竹，虽然是用朴质的瓦罐装着，但绿意葱茏，盆里没有一根杂草，窗户的玻璃也擦得非常干净。

从病人家里出来，同事再次感慨道："这个女人，可真是懂得生活。"懂生活的女人，你便不会觉得她的日子会过得很差，哪怕是一碗粥，估计也比别人家的粥更有滋味。

懂生活的女人，真的会比较幸福！如病人的妻子，可以说生活在悬崖旁边，但是她却能在崖边采上一把鲜花，然后坐看风云起。这一次的采访，我们都有同样的感觉，便是仿佛被救赎的不是病人，而是我们。她都可以这样幸福细致地过日子，我们为什么不可以？后来，给病人募捐的事，我们都格外地尽力，想尽了办法，因为，谁也不愿意夺走病人妻子的幸福，谁也不愿意看到她伤心和难过！

还有微博里的那个女子，并不认识，只是偶尔看到，便喜欢上了。因为在她的微博里可以发现可爱的小亮点，如用梧桐叶制作的画框，手工缝制的桌布，和食物搭配得相得益彰的盘子，用丝瓜络做成的隔帘，简笔画画的小日子……每一样都透露着温暖的小心思，当时便想，能花这些小心思的女人一定很懂得生活，一定也很幸福。果不其然，后来的一天，女子颇为羞涩地说，老公不让她把自己的手工作品发到朋友圈，怕被别人看到，抢了她去。所以还是发在微博吧，毕竟这里都是陌生人，便没有人能够抢走她。这样的担心，比一句"我爱你"要叫人心动很多。

是的，我们常常会有这样一种错觉，即使并不了解那个人，但是却能断定，她是幸福的，且一定能给别人带来幸福。即使隔着屏幕，都能感觉得到她嘴角的微笑，所以常常，我们会对一个女孩子感慨，不知道谁能娶了她，那个人肯定会很幸福的。或者，不知道是谁娶了她，怎么那么幸运、那么幸福呢？因为当一个女人懂得生活并热爱生活的时候，她创造的都是美好，而这些美好最终凝聚成两个字，便是——幸福！

闭上一只眼睛看幸福

网上曾经流传过匡匡写的那个句子：我一生渴望被人收藏好，妥善安放，细心保存，免我惊，免我苦，免我四下流离，免我无枝可依。这句话一直是被女人们奉为经典，也一直是女人们心底最深的渴望。雪莹便是这样一个被众人羡慕的人，许多人要向她请教，是怎么做到的，雪莹只是一笑，说："闭上一只眼睛就行了，别想把什么都看得太清楚。"

雪莹最初结婚的那几年，其实过得也颇不平静。她发现，婚前老公哪儿都好，可是婚后不好的一面便慢慢地显出来了，于是，老公的好和坏便开始结伴而行，他温柔缱绻，却又粗心大意，他才华横溢，但又恃才傲物，他热情似火，却又慵懒散漫……雪莹时常觉得自己生活是一半海水一半火焰。头一天，她为着老公和朋友喝酒到深夜而恼恨，第二天，老公又对感冒的她嘘寒问暖，手里的暖水袋稍微凉了一些，便马上给她换。分开？舍不得，也太小题大做了；可是继续在一起，雪莹不知道哪一天老公又会惹怒自己。

这样的生活，被雪莹称之为"等待靴子落地"的婚姻版，她天天都在等着老公的那只靴子落下来，可是她比故事里那只等着靴子落地的老汉更难受，因为老公的靴子实在是太多了，随时随地都有可能落下一只叫人心惊胆战的"靴子"。这样的等待太磨人，于是雪莹开始着手改造老公的计划，她制定了一系列的规定，如进门的时候一定要换拖鞋，吃饭的时候不能"吧叽"嘴，换下的袜子要单独放到专用的洗衣盆里去洗，晚上12点以前一定要回房间睡觉，早晨得起早跑步锻炼身体……雪莹像一位教官管理着老公，只是幸福却并没有因此而向她靠近。

原本会花心思给雪莹过生日，会时不时给雪莹一个惊喜，会说甜言蜜语的老公不见了，变成了一个再也不让雪莹担心"靴子"什么时候落下，可是却成木然无趣的人。两个人每天的对话都是"回来啦""吃了没"……说得雪莹都觉着空气被凝固了似的，她不明白为什么一定要非此即彼呢？雪莹不知道是自己哪儿做错了，还是原本命该如此。直到雪莹碰到老同学薄荷，才知道症结在哪里。

那次是去一个景区游玩，薄荷的老公体胖，还留着一把大胡子，看得雪莹心里怪别扭的，心想如果是自己老公，一定要让他把胡子给剃了。可，人家毕竟不是，只得讪笑道："你老公还挺有个性的。"薄荷却笑着点头："可不是！"接下来的时间，雪莹发现薄荷老公的个性不仅仅体现在留着一把大胡子上，他喜欢拍照，为了拍一朵颇具动感的荷花，一定要等风来，手动的还不行，不自然。雪莹傻了，薄荷却挥手道："我们先走，一会儿他自己会赶上来的。"后来，别人都在景区买纪念品带回去，薄荷老公居然缠着店家要他罐里的一支棉花杆儿，最后竟然花了50块钱买了下来。

雪莹忍不住问薄荷："你不恼吗？"薄荷眨了眨眼睛说："为什么要恼？他又没妨碍到别人。"雪莹更不懂了，他们是夫妻啊，又不是别人，于是薄荷又说："可是他也没妨碍我啊，再说了，谁还没个爱好，谁还没个缺点呢？总盯着那些，还怎么过日子？最好的婚姻其实是睁只眼闭只眼。"雪莹一愣，心道，可不是吗？自己的日子都不知道该怎么过下去了。难道，还真的得闭只眼睛？雪莹情不自禁地捂住了左眼，眼前的景色比之前模糊了许多，但这样的一种朦胧的感觉，让使四周也更美了。

于是回到家后，雪莹也学着不和老公计较太多，许多时候选择睁一只眼，闭一只眼。看球的时候喊得太大声？那就上网淘一个耳塞吧。不想起早去跑步？那就自己去跑；进门不换鞋？可以，把拖把塞到他的手里……总之，老公的优点雪莹表示赞赏；缺点？眼睛一闭，随他去吧！如薄荷说的，谁还没个缺点。何况，就算真有那么完美的人，又凭什么让自己给碰上了呢？

说来也是怪事，自从雪莹把心放开了以后，老公竟从一个毛头小伙子，快速变成一个细心体贴、低调从容、勤奋好学的成熟男人。以前雪莹不喜欢的那些毛病，竟不知不觉地没有了，而且说话做事都特别地有章程，如果不是对雪莹十年如一日地好，她自己都有可能会担心自己的魅力够不够使。雪莹曾经问老公："你变化为什么这么大呢？"老公却摊了摊手，我一直都是这样的啊。这句话叫雪莹忽然明白，当她诸多挑剔的时候，其实是在提醒老公他有哪些缺点，当大家的焦点都集中到一处的时候，它都是一种最特别的存在，想让他改掉都不是件容易的事。

婚姻生活其实是一种最特别的存在，各家有各家的不同，各人又有各人的不同。我们只能互相去适应，而不能强迫别人去改变，我们可以向往幸福，但却不能因为自己的向往，而去影响到别人的生活。之前听说过一句话：人有两只眼睛，一眼幸福，一眼怨念，只需要把那只看到怨念的眼睛闭上，就可以看到幸福了！既然无法改变别人，那最好的适应莫过于闭上一只眼睛去看幸福。

回归温柔，找到幸福的方向

温柔，对于许多现代女性来说，似乎是一个挺古老的词。工作那么忙，哪里有时间去温柔；生活节奏那么快，哪里有心情去温柔；家里家外一肩挑，哪里有空间去温柔……于是"女汉子"成为时尚，温柔的女子，被用一些负面词汇称呼。

可是，对于女人来说，"温柔"永远不应该被嫌弃。温柔不是懦弱，它不但不会使女人置身于困境，更可以给幸福指明方向。

安茹一度是温柔的绝缘体，她从来不认为自己不温柔会对生活有什么影响。何况，女人现在和男人没什么区别，一样家里家外拼搏，一样分担大小事务，为什么一定要求女人温柔呢？她偏不。就像那次，安茹正在加班，接到老公的电话，说他的门钥匙不见了。安茹一听就恼了，忍不住质问："你一个大男人，门钥匙都能弄丢了，还能干什么？"老公在那边也不大高兴，说："你脾气真是越来越大了，谁一辈子还不丢几回钥匙？"安茹顿时气结，什么叫脾气越来越大了？又是女人要温柔的那一套，如果温柔可以当饭吃，那倒不是不行。可是，温柔能当饭吃吗？她正处于职场的上升期，那些同事会因为她温柔，而不和她竞争吗？真是笑话。想到儿子还在家门口等着，安茹只好忍着气，放下工作往家赶。

安茹原本打算好了，要好好地教训老公一顿，能不能让她省点儿心？掉钥匙于他是小事，对自己来说可就意味着耽误了两个小时的时间。可是没想到走到单元楼的拐角处，却听到儿子在和老公说话，忍不住顿了顿脚步。儿子今年9岁，但和安茹却没有什么交流，说不到几句便要吵起来。

"爸爸，妈妈回来不会又发脾气吧？"儿子担心的声音在楼上响起，安茹听了不禁撇嘴，做了错事难道还不让人说吗？但却没有听到老公的回复，却听到儿子又不死心地问："爸爸，你不会和我妈离婚吧？"安茹听了心里"咯噔"一声，为什么要离婚？难道老公在外面有什么情况？这时老公问出了安茹的心声："你为什么这样问呢？"儿子却叹息一声说："你看我妈那脾气，三句话就有两句话在骂人，我不是怕你受不了嘛。"

儿子的话让安茹如遭雷击，这么些年，她为了这个家，像个男人一样去工作，却没想到她在儿子的心里居然是这样的形象。想起刚结婚的时候，新房都是租来的，于是安茹和老公一起去奋斗，终于赶在儿子出生前，有了自己的小窝。到现在，儿子大了，安茹的事业也稳定了，可是她却在所有人的眼里，成为了一个什么都不怕、什么都压不倒的"女汉子"。安茹的生活算不上幸福，她和老公之间一周都没有几句话，和儿子更是没有共同语言。只是她以为大家的生活都是如此。

这不是我想要的生活！失眠了一整晚，安茹下了这样一个决心，她要找回以前那个温柔的自己，因为她记得那时候的她，真的很幸福、很快乐。

第二天，安茹赶了个大早起来给儿子做早点，儿子却给吓一跳，说："妈妈，你还会做早点呀？"安茹愣了，其实她的厨艺很不错的……可是，现在她都忘记了有多久没给家人做过一顿饭了。

静下心来，安茹知道，除了生活方式，她说话的态度也有问题，过于粗暴和直接，于是，每次说话之前安茹都要先考虑几秒钟，然后将声音压低一些。刚开始会有些不习惯，可是几天之后她发现，生活并不是她想的那样，态度不严厉就会变得乱糟糟的，甚至，她都能感觉到家里渐渐有一种很特别的氛围，这种氛围叫她一想起来就会微笑。

"妈妈，你是不是要升职啦？你这几天好温柔呀。"周末，儿子依在安茹身边问。这样的亲近，似乎还是在儿子很小的时候有过，安茹忍不住将儿子抱在了怀里，他竟有些不好意思，但安茹却没有撒手。曾经以为，儿子长大了，不会再向自己撒娇，不会那么依赖自己，但直到现在安茹才发现，这一切其实是她自己的问题。

家是什么？家是人心底最温暖的地方，家的幸福其实从来都不会走得太远，只是许多人经常会走一些弯路，所以常常没有找到幸福的方向，而安茹便是，她一直在另一条道上奋力奔跑，直到跑远了才发现，原来已经背道而驰了。幸好，安茹还是找回了正确的方向。

记得把笑容带回家

家是不是港湾？当然是！所以我们许多人回到家的时候，会彻底地放松自己。尤其是女性，在职场和男人一样去拼搏，回到家还得收拾家务，教养孩子。因此，难免会有些心慌气躁。如果在工作上遇到什么不顺心的事情，那家便成了战场，而且有可能是炮火唯一对准的地方。久而久之，这种状态便会形成一个恶性循环，原本自己精心打理的家，却被自己一炮给轰没了。

从另外一个角度来说，家不止是我们一个人的港湾。我们没资格，也没有权利，将炮火对准其他的"住客"，不管他们与我们的关系有多亲近。否则，伤害的不仅仅是他人，还包括我们自己。

商素是公司众人的"女神"，不但人长得漂亮，而且性格温柔，最重要的是她脸上永远挂着迷人的微笑。没有人知道为什么商素总是这样笑，但却能让人心情舒畅不少，因此大家都愿意和商素亲近。只有商素自己知道，这迷人的微笑背后，其实有想和人吵一架的冲动，同事怎么那么喜欢背后说人闲话？客户好说话一点儿会死吗？领导对下属亲近一些，难道就会显得自己没权威吗？商素的种种不满，许多职场上的人都有，只是商素却从不在职场上发泄出来，而是将这些负面情绪都带回了家里。

每天下班一到家，商素的第一件事便是躺在沙发上，然后紧锁着眉头，不管家里有谁在，她都会冲着那个人将这些牢骚说一遍。有一次，商素发牢骚的对象是3岁的儿子，小家伙哪儿听得懂，等到商素说完，却发现儿子眼泪汪汪地看着自己："妈妈，我错了！"那一刻，商素哭笑不得，后觉得只是觉得不该在孩子面前说这些。

其实，即使在家里，商素还是感觉不被人理解。不管是老公还是爸妈，都只有一句话：工作要是实在是太累，就回家歇着吧。回家歇着？说来简单，一个月少了几千块钱的收入，压力就全都压在老公的身上，商素不忍心，老公却摇头道："你这样，也很累啊！"累？年轻的时候不累，老了想累都没这个体力了。商素被老公和家人的宠爱感动得唯有继续努力工作来回报了，只是在许久以后，商素才回过味儿来，其实，老公想说的是：你这样，我也很累啊！

商素的改变在那个周末。商素加班，老公正好带儿子在公司附近的公园玩，准备回家的时候，她的工作也完成得差不多了，于是，让老公过来接自己一块儿回去。老公抱着儿子进办公室的时候，商素正在和同事交代一些注意事项，却万万没想到，儿子居然说出一句："妈妈，你会笑啊？"商素呆了，同事也呆了。

这个时候，商素才意会到自己下班回家后从来都不笑的。其实，再没有人比商素更明白微笑的魅力，所以她才会在在公司里永远保持着笑容。

"你别太在意孩子的话。"回家的路上老公说，可是商素怎么能够不在意？她从来不觉得在工作中表现出自己最完美的形象及状态有什么难的，可让她难过的是，她将最差的一面留给了家人，神情麻木、脾气暴躁不说，甚至为所欲为，只知道家是自己的港湾，却忘了家是家里所有人的港湾，他们也需要得到关心和爱，他们也想看到温暖的笑容。

商素开始调整自己，每次到家门口，她都会调整好自己的状态才开门。如果情绪不好的时候，她会躲进房间做一些运动，或者看看书，确保能让大家看到自己的时候，是微笑的状态。久而久之，商素也并没有觉得这是一件多委屈、多让自己为难的一件事。如同一个人不喜欢吃辣的，但如果吃久了辣的，你会发现其实也挺好吃的。

微笑，亦是如此！最初的时候，商素也觉得有些疲累，为什么在公司要装，回家还要装呢？但时间长了，商素发现，用"装"这个词，反倒不如用"调整"来得更贴切，并且，即使不是因为面对家人，为了自己的身心健康，也应该及时调整心理和情绪。何况，这样一种调整，让商素体会到了久违的温暖，老公不再说"累了就辞职"的话，而是主动询问一些具体的事情，儿子也和商素愈加亲近。其实，不仅仅是职场，家亦如此，当你付诸微笑，也能收获微笑。因为，我们许多人都是"向美而生"的！

幸福，是一种生活细节

结了婚之后，女人似乎对于"幸福"两个字，不同阶段总有不同的诠释。某些时候，女人认为，男人如果懂得浪漫，哪怕只一点点，生活都会幸福很多，如情人节，我不要求你买一束花，一枝可不可以有；我不要求你时时给予惊喜，能不能去餐厅订个餐，庆祝一下结婚纪念日；我不要求你时常在包包里留爱意小纸条，但能不能早晨出门的时候拥抱一下。

可如果真遇到一个浪漫的男人，又会关注到他的实际行为上，怎么一点儿都不实际？花儿能当饭吃吗？甜言蜜语有什么营养啊？

于是，男人们便会觉得女人心真的是海底针啊，怎么这样挑剔呢？到底要怎么做才好？于是干脆保持真我，不喜欢浪漫的，一辈子打死也不买一枝花；不喜欢实际行动的，别说刮风下雨，就算是天上下刀子，你还是自己想办法回来吧。其实，真不是女人矫情，而是许多时候，女人并不明白，怎样才能够让自己幸福！

小微是一个文学爱好者，当初嫁给她老公，就是因为他说了一句话："我知道你爱好文字，是一个很浪漫的女孩子，我支持你做你自己喜欢的任何事情。"作为一个以写作为职业的女孩儿来说，有一个人懂得自己爱好的人，似乎便意味着一个美好的婚姻。

可走进婚姻之后，小微才发现竟是自己误会了。是的，老公从来都不干涉小微看书写作，但他真的就只是支持而已，可是，他一点儿"浪漫"都不懂得，每天除了上班下班，就是做一些力所能及的家务事，比如做饭、拖地、带孩子，等等，使小微的那些粉红色的小浪漫，争先恐后地灭掉了。

小微有些不明白，难道婚姻都是如此的吗？她几乎从现在的生活中，看到了他俩白发苍苍的样子。

既然老公不浪漫，那就自己来吧。小微是个行动派，为了拥有想要的幸福，她开始了一系列的浪漫计划，可是到头来，却只能用"一地鸡毛"来形容。如周末，她在家里安排了一个烛光晚餐，可没想到老公一回家见满屋的蜡烛，竟吓了一跳，不等小微开口，便噼里啪啦地说："我昨天不是交了电费吗？停电了吗？不会啊，我刚看到隔壁有电啊，不会是跳闸了吧。"说完，没等小微开口，便到楼下去检查。

忙活了一通老公愁眉苦脸地再一次走进家门，小微终于有时间告诉他，电没有任何问题，是她关的灯。老公一愣，赶紧把灯打开，说："省着这点儿电干嘛呀？"这一场精心准备的烛光晚餐，就这样消失于无形。

　　一计不成，小微再生一计，把儿子送到婆婆家，和老公去看电影。但买票的时候老公就念叨，票价怎么这样贵，其实过段时间在网上看也一样。看电影途中，老公又凑到小微耳边说："儿子不会哭吧？"忍了一晚上，最后还是没有等到电影散场，小微似乎看到了儿子哭得撕声裂肺的样子，哪里还有心情看电影。

　　之后小微发现老公像是对浪漫天生有免疫力，她点上香熏，他说闻着不像是在家里，不踏实；她写温馨小纸条，他问，有话为什么不直说；向他撒娇，他担心她生病了……无奈，小微只得承认失败，把"浪漫"两个字抛之脑外。心里没了念想，小微将心真正地沉浸到日子里，她和老公一起去逛菜场，讨论哪一种青菜最有营养；他们在阳台上种花，琢磨哪一种花最先发芽；也会带着孩子在夕阳下散步，不是为了浪漫，而是为了锻炼身体；吵架的时候也有，但吵完架之后，心却贴得更近了……那一日，小微忽然发现，这些细节不就是幸福吗？它让小微每天晚上都能够安稳地入睡，早晨开心地醒来，没有担心、没有伤感，连曾经有过的伤春悲秋都觉得矫情，这不是幸福，又是什么呢？

　　婚后的幸福，不同于婚前那样轰轰烈烈，让人一想起来，便有着满满的愉悦感，它更像是一弯溪流，只有你静心地去观察溪流中的偶尔漂过的落叶、花瓣，甚至倾听水流的声音，才能够明白这样的一份美好。那些浪漫的手段，当然也会让人觉得开心，但在婚姻里，是远远不够的，它还需要那些微小的点滴去充实，它可以是桌子上一盘好吃的菜，也可以是彼此对视的笑容，还可以是孩子的笑声，甚至是一个一起白头到老的愿望……总之，它是婚姻中所有让你想起来便微笑的各种细节。当你发现了这些小细节，或者说愿意去发现这些潜藏的小细节，并愿意为之在一起生活一辈子，这才是真正的幸福。

　　发现这些小细节，对于女人来说，是获取幸福一个正确的途径，或者说，是一种能力。

做个幸福的笨女人

晓幸是圈子里有名的笨女人，从她谈恋爱到结婚，周围的人都跟着心惊胆战。尤其是晓幸还很幸运地找到了一个方方面面都那么优秀的老公，不但人长得周正，事业也发展得挺好，可是晓幸却从来都不知道什么叫未雨绸缪。

那天，晓幸洗衣服的时候，居然发现缸底还有几十张已经被洗过的钱，不禁目瞪口呆。钱不是自己的，那就是老公的。天啊，难道老公竟藏了私房钱？晓幸第一次面对这样的事情，只得急忙跟闺密说，闺密更是惊诧不已，问晓幸："你难道以前从来不翻他的口袋？"晓幸摇头，从不。"真是笨！"闺密说，男人一旦有什么变化，经济调查才是最直接的。翻口袋、查手机的这些行为都是常规的检查，好不好？晓幸听得一愣一愣的。

闺密支着儿，等老公回来，晓幸一定得态度严肃地"审问"这钱是怎么来的，如果第一次不拿捏住，以后还怎么过日子？晓幸想着，心里却忐忑起来，仿佛做错事的是自己，甚至忍不住想，夫妻之间竟然整得像是谍战片似的，这日子还怎么过？可是，如果不把这钱问个清楚明白，这日子也没办法过啊。

等到晚上老公回到家，晓幸扭捏了半天硬是问不出来，可不问却又如鲠在喉，倒是老公去收衣服，然后拍着裤子的口袋问："这裤子里面的钱看到了吗？"晓幸松了一口气，赶紧点头，老老实实地把钱捧上，然后"可怜巴巴"地问："哪……哪来的钱？"老公一愣，这才笑着解释，是同事的奖金，准备周末回老家的时候给父母拿过去，因为怕老婆发现，所以才放在他这里。

晓幸觉得这件折磨人的事情总算是过去了，可是不免又一想，老公这么能干，为什么没有奖金？是不是工作有什么不愉快的事情，他不告诉自己呢？这么一想，晓幸别提多心疼老公了，每天极其温柔不说，还好菜好汤地伺候着。直到她过生日，老公笑逐颜开地送上一枚钻戒，她才知道自己一直都是误会了。老公不是没有拿到奖金，而是用奖金来给自己买礼物了。

晓幸觉得自己幸福极了，但同样的事情，如果换成另外一种做法，这种幸福怕便会灰飞烟灭了。如果晓幸从同事藏奖金的事情上联想老公，也开始起了疑心，老公肯定不愿意受这冤枉气，便会提前将奖金交给晓幸。钱是到手了，可也会因为自己的"精明"，将原本美好的惊喜给亲手抹去。

只是生活中，"笨女人"真的不多，大家都只怕自己不够聪明，甚至在还没结婚的时候，便想好离婚的条件。于是，很多女人最终走上了自己给自己安排的路而不自知。

阿云和男友恋爱 3 年后，开始谈婚论嫁，阿云提出要公公婆婆把房子过户到她的名下，因为她婚后怀孕、生孩子、带孩子，在这个过程中，谁也不知道老公会有什么变化，所以她需要一个保证。婆家自然是不答应的，没有你生孩子需要公婆让出房子的道理，这不是交换。于是，阿云又开始要巨额的彩礼，这个彩礼是爸妈准备给她当私房钱的。

最后因为双方都到了该结婚的年龄，婚是结了，可是却因为阿云的这些精明的算计，将感情也伤得差不多了。婚后的阿云继续保持着精明的作风，老公不但要给她家用，还要单独给她一份工资，而且对于老公的日常行为也做了极为细致的规范，几乎到了严防死守的地步。可是等到老公提出"离婚"两个字时，阿云才发现，她所做的那些努力，都是无用的功。甚至，阿云都没办法动怒，因为老公并没有出轨，他只是真的觉得和阿云在一起太压抑了而已。

从民政局出来的时候，阿云问老公既然对自己这么不满，又为什么要娶自己，让自己遭遇到这样的伤害？老公叹了一口气，回道："娶你，是我少不更事，至于伤害？真的有吗？你不是还没结婚的时候，便准备着离婚的吗？做了这么些年的心理准备，怎么还会受伤？"

对于女人来说，一份失败的婚姻怎么能说不是伤害？可是阿云却说不出话来，她甚至不知道自己的这些准备和打算，到底是对还是错。

　　因为重视，所以害怕失去，于是女人们总想把自己包装得刀枪不入，想告诉男人，没有你，我也可以过得很好。于是，男人们真的信了，真的以为自己不那么重要，也就真的放手了。

　　有的时候，女人其实可以笨一点，既然害怕幸福又何必伪装坚强，既然爱他，又何必做出一副毫不在意的样子？给予自己全部的信任，不管会不会拥有幸福，至少不会让人生留有遗憾。如此一来，获得幸福的概率，不就多起来吗？

幸福生活，远离"毒"闺密

现代女性，没几个闺密似乎都不好意思出门。闺密是什么？闺中密友，顾名思义，在少女时期便拥有的知己。只是现在这个名词简直是满大街了都是，只要关系略微好点儿的，便是闺密，也不管到底彼此是不是了解。最关键的是，有些闺密不但没起到提醒和扶持的作用，甚至成了婚姻的"催命符"。

书琪和闺密丁丁是大学时的同学，两人在学校的时候关系一般，后来因为都留在同一个城市，渐渐地越走越近，因此成为了闺密。书琪虽然觉得和丁丁在性格上并不是很合得来，但是有一个人可以一起看电影逛街，和男友生气的时候，有人帮腔一起骂男人，觉得也挺好。但是在书琪快要准备结婚的时候，丁丁却一再表示不支持，觉得书琪的男友个人条件太差，不会让书琪得到幸福。

因为丁丁的反对，书琪也动摇过，但最终还是在男友坚持不懈的追求下结了婚。因为此事，书琪对丁丁很是感谢，觉得不是所有的人都能像她一样对自己实话实说。于是，书琪在和老公相处的过程中，但凡有点儿风吹草动，便要去问一问丁丁的意见，包括怀孕这件事情。书琪是意外怀孕，她很纠结，但是老公却很想让她把孩子生下来，一来听说第一个孩子都特别聪明可爱，二来觉得和书琪的年龄也到了该要孩子的时候了。可是丁丁却竭力反对，因为书琪和老公的房子每个月要有高额的房贷，书琪怀了孕都没办法不上班，而且生下来还要养孩子，那又是一大堆的费用。

"你这哪是生孩子啊，你这是生负担。"丁丁一锤定音，书琪听了心惊胆战，情不自禁地摸了摸肚子，原来满腔的爱意，只剩下恐惧了。因为老公和家人的反对，书琪的孩子到底是生下来了，可却患上了产后抑郁症，将一家人折腾得苦不堪言。这还没完，因为经济紧张，书琪老公只得比以前更加努力地工作，加班是常有的事，于是许多事情都落到了书琪的身上。丁丁比书琪还不满，认为书琪老公就是故意把她骗回家当保姆的。

"结婚是为了什么呀，是为了日子过得开心幸福的，你看看你现在拥有什么？忙不完的家务、带孩子、房贷，全是一些婆婆妈妈的事情，你别告诉我你乐在其中。"丁丁恨铁不成钢地说，书琪被丁丁的一番言语说得只觉得生活暗无天日，恨不得马上离了才好。后来，书琪和老公因为一件琐事吵了起来，于是和丁丁发了几句牢骚，却没想到丁丁带了一群姐妹去家里把老公臭骂了一通，这让书琪左右为难，一方面觉得丁丁有些过了，另一方面又为了丁丁对自己如此仗义而感动。

但是老公却因此大怒，让书琪做出一个选择，是要家庭要闺密。书琪觉得老公不可理喻，这有什么冲突吗？何况丁丁对自己那么好。"她对你好？是她和你一起还了房贷，还是她陪你一起养了孩子？你生病的时候，是谁照顾你的？你爸妈有事的时候，是谁第一个出现的？她只会让你觉得咱们的生活不幸福，你去问问她，她理想的婚姻在哪里，她为什么不嫁？"老公说完，便搬去了公司。

面对老公的质问，书琪愣了，再没有人比她更清楚丁丁的现状。虽然自己过得一直不如意，可是到现在，自己家的孩子都快上小学了，丁丁仍然是孑然一身。她还记得，一次酒后，丁丁抱着自己说："这个世界上的好男人都到哪儿去了？怎么想找一个能结婚的人就那么难呢？"书琪这才省悟过来，其实丁丁所说的那些理想中的婚姻，只是她的梦想而已，她自己无法实现，便希望书琪来完成。不能不说丁丁是好意，可是，这个世界上哪里会有那么如此完美的幸福。

自那以后，书琪开始疏远丁丁，因为她知道，虽然丁丁并不是有意要破坏自己的婚姻，但是她对自己的影响却是负面的。在书琪还没办法确定自己能够不受到影响的时候，她只能选择离丁丁远一些，让自己能够清醒地看到婚姻原来的样子。

闺密，有的时候真的是一个暖心的词。双方没有负担和压力，但却又无比地亲近，可闺密毕竟不是自己，也是一个局外人，她看到的永远只能是表面，能从平常的生活中感受到幸福和快乐的，其实只有在婚姻中的自己。

　　小梦和闺密吴点自幼一块儿长大，寒暑假的时候更是恨不得住在一起，可以说从小到大，两个人比姐妹都还要亲，可是两人对彼此的婚姻却并不参与。有一次小梦发现老公这段时间似乎不大爱搭理自己，找他说话他还挺不耐烦，于是跑去问吴点，是不是老公有外心了？吴点却是一笑："你自己家的男人你自己清楚，他是怎样的人，有没有可能，你难道做不出判断吗？"见小梦还有些不高兴，便笑道，"男人也有'生理期'，他不搭理你的时候随他去，我搭理你就行了。"在吴点的插科打诨中，小梦渐渐地打消了疑虑。一段时间后，老公才告诉她，因为工作上出了点儿问题，所以那段时间累得很，也没怎么管家里，请她不要介意。小梦笑眯眯地表示不介意，但却轻吁了一口气，自己当时就是个火药桶，只要吴点给了一点儿火星子，肯定就会炸起来，而结果，可想而知。

　　吴点对于小梦婚姻中出现的问题，没有劝解，没有挑剔，而是采取了转移小梦注意力的方式，成功地帮她化解了一次危机。这便是闺密最聪明的做法，俗话说：清官难断家务事。家务事很多都是日积月累的结果，并不是能在哪一件事上辩个对错，闺密一旦参与其中，甚至决定了事件的走向，大多会适得其反。一个能干的女人会懂得在什么时候远离闺密，当自己懂得处理婚姻矛盾的时候，幸福也就会不期而遇。

·········· "感同身受" 是一种幸福的力量 ··········

那是一档调解节目，她是没办法才向电视台求助的，因为她不想婚姻就那样走进终局。她还记得，当初结婚的时候，他们约好了要一辈子相亲相爱的。可是现在两个人都还是满头的青丝，怎么就过不下去了？她想想都难受得很。

"我不明白，我对他还不够好吗？他工作压力大，我家里家外都一人包了，他每天回来什么事儿都不用干，洗澡水的温度都给他调好了……"她很委屈。他听到她这么说竟然很惊讶。接着，他感慨地说，他以为她从来不知道自己的工作有多繁忙，他以为她一直都活在自己的世界里，他以为自己这大半辈子都是一个人在过的。

"她从来没问过我工作上的事情。"他叹息，说起工作中最艰难的时期，真的很想找个人说说，哪怕解决不了，但是说说总能让自己轻松一些，可是她一直在忙。他知道她忙的都是正经事儿，可是却让他觉得孤独，日子久了，也懒得说，只是埋在心里这么多年。等到儿女长大了，退休了，他才想起，要去看一看热闹的繁华世界。

她哭了，其实他的压力她全都知道，只是没有说出来而已，却怎么也没想到，却因此让自己一辈子的努力，都付诸东流，顿时悔不当初。虽然经过调解，男人最终没有再提出离开，可是这么些年两个人的隔阂，却仍然存在。

在婚姻中，有些女人会认为，自己付出了那么多，可是为什么却得不到认可？这不仅仅是因为缺乏沟通，还有一个原因，便是彼此双方没有学会感同身受。现在工作和生活的节奏都很快，许多人都会觉得压力大，最渴望的莫过于回到家的时候，有个人对自己说："累了吧？"这句话，可以让人的心情瞬间得到舒缓，再辛苦也会觉得轻松很多。

前些日子，有新闻说某医院的妇产科推出让老公体验阵痛的活动，很多男人不到几分钟便痛得受不了。女人们看了都挺解气的，尤其是林欢。林欢生产的时候，从凌晨开始阵痛，但到了夜里孩子都还没生出来，她在病床上痛得连呼吸都觉得没力气了，老公却在一旁说："你忍着点啊，你就是怕痛，其实没你想象的那么痛。"当时林欢不但痛，心还感觉被狠狠地伤了。不痛？那你来试试！至今，想起这些林欢都觉得委屈，即使儿子上小学了，她都还恨不得把老公拉进医院去体验一番。

其实，如果当时老公说一句："我知道你很痛，宝宝以后由我来带，你到时候好好休养……"哪怕是谎言，林欢心里都会舒坦很多，就算是再痛也会忍着，因为有人能够将自己所经历的痛感同身受，便不会觉得这痛是那么难熬。可是当年的伤害已经回不来了，林欢的做法却让老公很是反感，认为自己已经道过歉了，她为什么还要斤斤计较。

这个时候，林欢如果大度一些，即使心里还是有些不爽，却安慰老公道："其实我明白你的心情，我也因为不了解情况，而误会过别人。"老公一旦听到了这样的一句，怎么会不想尽办法地弥补她？怎么会不珍视这样一个贴心的女人？

朱洁是一个特别懂得感同身受的女人。朱洁和老公是经人介绍认识的，双方觉得合适就结婚了，相比较恋爱多年而成家的，感情基础确实是要弱一些的，但是朱洁却很懂得站在老公的角度去体会他的心情。例如有一次老公在职场上受到了打击，回来不过随口和朱洁一说，朱洁却认真地点头道："我明白你的心情，我也有过这样的经历。"老公听说朱洁也有相同的经历，就耐心地问了起来，双方互相吐槽一番，情感拉近了不少。

后来这样的事多了，原本性格内敛的老公都动情地说："我真是幸运娶了你。"就连这一句话，朱洁都笑着回应："我也是啊，以前总是挑挑拣拣的，没想到真挑对了。"一句话叫老公听了心花怒放，对于男人来说，再没有比被自己爱人认可更美好的事了。也因此，朱洁先结婚后恋爱，将生活过得花团锦簇，幸福非常。

在夫妻之间，感同身受绝对是幸福的一种力量。如果累了的时候，有个人说："我清楚，因为我也累过……"如果痛了的时候，有个人说："我懂得，这样的痛我也经历过……"如果感情受伤了的时候，有个人说："我明白，我也曾经被别人伤害过……"听着的人定会心里一暖，哪怕是个陌生人，都会心生好感，何况是夫妻呢？

　　夫妻是自由组合而形成亲密关系的两个人，在生活的过程中，要经过磨合，其间会有一些矛盾，甚至还会有一些误解，但如果能将对方的感触感同身受，这个磨合期会很短，矛盾和误解也会少很多，因为我们都知道，想找一个懂自己的人，真的很不容易。更因为不容易，所以才会懂得去珍惜！

婚姻，是团队作战

那天看了一则新闻，说是男人喝多了，很想高歌一曲，拉着老婆和儿子一起唱歌作诗，老婆儿子受不了这顿吵，忍无可忍，便把男人绑了起来殴打。这条新闻有的人看了气愤，有的人看了却是感同身受，因为我们平时生活中这样的例子太多了，只是结局没有新闻里那样极端。

如胡青她便正在经历着这样的事情，老公兴趣爱好挺多，这本是一件好事，可是他总要拉着林青一起去感受他的喜悦。只是两个人的喜好完全不同，他喜欢打篮球，看电视永远是体育频道，周末只想窝在家里，而林青却喜欢看肥皂剧，喜欢旅行，喜欢找人聊天……林青真的觉得"男人和女人不在一个星球"的理论非常正确。

如那天夜里 11 点，林青正要上床睡觉，不想老公正在卧室里听歌，见她进来，赶紧拿出手机给林青看："老婆，有没有听过这首歌？这是我年轻的时候特别喜欢的一首歌……"就这样，困倦不已的林青陪着老公听了两个小时的经典老歌，直到最后倒在老公的怀里睡着了。

第二天起来，老公还问："昨天感觉是不是很好？你是在歌声中睡着的呢。"林青看着镜子里的黑眼圈，十分恼怒地嚷道："谁要听歌啊？我一点儿都不喜欢那些老歌。"林青说出这话后，备感轻松，但老公却愣了。自那以后，老公不再拉着林青一起看球赛、听音乐、欣赏老电影。林青以为自己会很开心，可实际上，却怅然若失。原本亲近的两个人，因此疏远了许多。

总要经历过一些事情，许多人才懂得婚姻并不如自己想象的那般随心所欲。它需要经营，也需要忍耐，幸福从来都不会太轻易地落到哪一个人身上。

艾草便懂得，其实婚姻是团队作战，夫妻双方一定要志同道合，才能实现梦想或者说目标，单打独斗只会让路越来越窄。这样的一个梦想，有可能是某个具体的事物，也有可能就是让日子过得更愉快一些。可会有一些女人听了心里会不高兴，为什么一定是我靠近他，而不是他来靠近我？有时候，我们不能改变别人，只能改变自己。

艾草极聪明，老公喜欢打篮球，那完全没她什么事儿，于是，艾草便在篮球场旁边的跑道上慢跑，一个月竟因此瘦了 5 斤，这让艾草开心不已；老公极喜欢运动，除了打篮球，还喜欢徒步行走。

艾草却愿意宅家里，想不出门就尽量不出门，但为了陪老公徒步，她便买了一个耳机，一边走路一边听书，竟获益匪浅；老公还喜欢喝点小酒，艾草喝不了白酒，可是红酒还是可以的，每天喝杯小酒，再交流一下各自一天的收获，感情也因此慢慢地加深变浓。

也有人问艾草，这样不累吗？女人应该有自己的生活。艾草却笑了，和老公志同道合，并不代表将一整天的时间都用在老公的身上，她有自己的兴趣爱好和工作。艾草认为自己只是把别人打麻将、玩手机、聊八卦的时间用来陪老公，或者说用来了解老公而已，再没有比通过一项爱好更能接近一个人的，因此，在老公的心里，艾草不仅仅是妻子，还是最值得信任的知己。

有些女人，似乎整天都在研究老公的心思，可是遇到老公感兴趣的事情，却是退避三舍，永远都在期冀着热恋或初婚时的感情能一辈子都不褪色。这怎么可能呢？

投之以桃，必报之以李！老公看艾草的眼神越来越柔和，也因为如此，他会听艾草讲那些肥皂剧的笑点在哪儿，也会开车带艾草出去兜风，甚至也会和她一起坐在某店的窗前，偶尔八卦一下。这些都是艾草喜欢做的事，而老公愿意陪她一起做。

记得上学的时候，我们惊讶地发现，某同学一家四口人几乎都长得一个模样，曾经还在一起讨论了很长时间，同学和她哥哥是像爸爸还是像妈妈，最后也没有一个结论，因为真的都差不多。而许多人也会发现，夫妻俩在一起生活久了，会越来越像，不仅仅是在长相上，包括对于某一件事情的观点也很一致，甚至还会像恋爱时那样，不约而同地唱出同一首歌……这样的夫妻，谁都不会认为他们不幸福，谁都不会认为他们能够分得开，因为他们就像一个铁打的团队，彼此都明白，对方也许不是最好的，但却一定是和自己最默契、最不可或缺的。

别让婚姻背上彩礼的债

认识的一个女孩儿因为彩礼的事，和男友闹僵了，两人已经订好了婚期，可男友却放言，这婚不结了。女孩儿气得直流泪，难道自己不值得那十来万的彩礼吗？男方那边也有话说，如果真的有诚意，为什么一定非要这么多的彩礼。其实男方并非有钱不给，而是买房装修外加上预备婚礼的费用，真的没有了。男方不愿意为了结个婚，背上房贷不说，还要背上巨额外债的。

于是，女孩儿的婚礼便搁浅了，直到最后两人的关系都岌岌可危，两人的浓情蜜意，似乎真的就随风而逝了。对于这件事，大家都各持一词，有人说，既然到了结婚的地步，应该懂得体谅，怎么可以为了彩礼连婚都不结了；也有人说，女孩子应该给自己多一点保障，男方连彩礼都不愿意付出，谁还能指望以后呢？

那么，婚礼和彩礼到底是什么关系？彩礼，是中式婚礼的一个组成部分，或者说是一种民俗也不为过，它只是表达心意的一种方式，既然是心意，那和钱多钱少真的有关系吗？最重要的是，你是用怎样的方式表达你的心意。

丫丫当初和老公结婚的时候，可以说是一穷二白，不说没有彩礼的钱，就连求婚的戒指也只是300块钱买来的白金戒指。"我虽然现在没有钱，但我会努力让你幸福。"老公求婚时的这句话，也许很多人听了会嗤之以鼻，穷成这样，还谈什么幸福？可是丫丫却感动得不行，因为相信他，也相信自己值得他给予这样的承诺。

家人自然是知道丫丫他们俩的经济情况，考虑了很久后决定不收彩礼。丫丫至今都记得，妈妈看了她半天，方说："要了彩礼你们以后还得自己还，不要了，只要你们好好地过日子就行。"妈妈的另一种考虑是，怕小两口为了彩礼的钱而坏了感情，也怕他们为了还彩礼的债，而忽略了感情。这句话让丫丫的老公感动不已，妈妈当时只说了一句话："能做到对丫丫好，就是最好的彩礼。"丫丫的老公当即便郑重承诺，一辈子都对丫丫好，并且，在此后漫长的婚姻里，对丫丫的妈妈尊重非常。

到现在，丫丫结婚10年了，二人仍然恩爱如初。上次见着他们的时候，居然是在咖啡馆，两人趁着孩子去上兴趣班，跑到旁边的咖啡馆里喝咖啡聊天，一如热恋中一般。从丫丫的朋友圈里可以看到，纵然已熟悉如自己的左手和右手，但他们仍然会携手去看一场电影，或者去公园里，一个人捧上一本书静静地坐上一下午。最近还计划着，等到儿子上大学去了，两个人就一起周游全国不知名的小城镇，遇到合意的，便住上一阵子。

可能有人会说，婚姻不仅仅是两个人的事，彩礼的多少是一个家庭对于另一个家庭的看重。可是，不管是男方家庭还是女方家庭，最终的愿望应该还是他们的婚嫁能够幸福。不管彩礼是多还是少，婚姻幸福与否从来就是正在婚姻中相处的两个人说了算，是相互的宽容、信任和理解的结果。

颜七家境宽裕，男友更是一个名副其实的富二代，两人的结婚被人称之为正宗的"金童玉女"。结婚时一场婚礼盛大得轰动了整个城市，参加婚礼的朋友几年来都念念不忘，更让人津津乐道的是，结婚的时候，男方的彩礼是一套订制的首饰，光一枚钻戒就7位数，那些定制的项链什么的，都没人敢问津。

惊讶之后，也有人悄悄说，用钱堆出来的婚姻未必幸福。但，他们真的好幸福，且已经幸福了好几年，即使家里有司机，男方几年来一直坚持亲自送颜七上下班，风雨无阻，不忙的时候，还会亲自下厨给颜七做美食，除了当初的婚礼，他们把日子过得和所有幸福的夫妻是一样的，让大家眼红不已。

只是，谁能说这样的幸福，是因为当初彩礼给得多？

当婚姻逼近时，有时候彩礼竟成了一道鸿沟，有两亲家因为彩礼的问题，让好好的一对人最后"孔雀东南飞"，也有婚后因为分彩礼而闹离婚的，还有的一辈子都对当初不满意的彩礼而纠结于心……彩礼真的那么重要吗？其实，把彩礼看得过重的人，反而是把自己看轻了，有钱就多表达一些心意，没什么不可以，没钱，哪怕只是从路边折一枝蔷薇，也是美好的。最重要是，婚姻幸福与否的本身在于往后的日子该怎么过，而不是彩礼，如果给婚姻背上一种叫"彩礼"的债，实在是得不偿失！

幸福的婚姻需要"年检"

和闺密一起聊天，闺密皱眉问我："你说这男人怎么一年和一年不一样了呢？"闺密说两人第一年挺好，第二年两人的生活观点有矛盾，第三年，都不认输，接下来两年都在忙孩子的事，现在孩子大了，可老公回家却一天比一天晚。"你说是怎么回事？"闺密问。

"婚姻出现了故障，需要'年检'。"闺密以为我是说笑，其实这却是保持婚姻幸福的一个基本手段。

许多人都以为婚姻就是双方拿到结婚证，便万事大吉，然后就是两个人在一起过日子。其实哪里是这么简单的事，又不是写童话，两个人走进了婚姻的殿堂，便可以过幸福的日子。每半年对婚姻做一次梳理，夫妻双方进行深入地沟通，把双方该面对的问题坦诚相待，然后再一起去解决，岂不更好？

成夏在老公提出要离婚的时候，都懵了，她不明白，日子过得好好的，为什么要离婚？有外遇？并没有！老公一口否认，成夏也相信，可老公就是想离婚，哪怕今后不再结了，也要离。因为和她一起过日子，实在是太憋闷了，他觉得像是就要溺水的人，感觉透不过气来。这话让成夏觉得挺委屈的，为什么自己觉得幸福的婚姻，在老公的眼里却是憋闷呢？

"你就放过我吧，都是我的错，我净身出户。"老公一脸哀怨地央求，让成夏心里更不是滋味儿，一定要老公说出个理由来。老公沉默半晌，终于说他知道成夏是一个好人，但是他就是不喜欢成夏说话的方式，总是高高在上，不喜欢成夏对待生活的态度，总是漫不经心；不喜欢成夏穿衣服的风格，总是大花大朵既艳且土；不喜欢成夏把所有的心思都放到工作上，他和孩子都成了次要的……成夏不禁惊呆了，这，也是理由？如果真的是这些理由，为什么早不说呢？这些哪一样不是成夏可以改，或者老公能够包容的呢？可冰冻三尺，非一日之寒，如今所有的问题都堆积在一起，老公无法包容，成夏自己也觉得无法改变，那样她成为另外一个人，也未必会幸福。

原本好好的婚姻，就因为没有及时地沟通，所以最后以分手收场。

成夏不是不后悔。当初和老公在一起，家里人其实是反对的，因为老公来自农村，家境又不好，是她坚持要嫁。婚后，成夏时常对老公说，一定要幸福，一定不能让大家小瞧了，于是两个人开始粉饰太平，凡事都容忍，最初也觉得没什么，对于自己爱的人，没有什么是不可以忍的。可是随着岁月的流逝，所有的人都认可了这段婚姻，最后老公却承受不住了，诸多的包容，压在他心里如同一块沉甸甸的石头，怎么挪也挪不开，最后只能不管不顾地逃离。

如果当初不那么要面子，不那么顾及别人的眼光，哪怕是争一次吵一通，会不会也不是这样的结果呢？成夏想起来，便觉得心痛。

其实对于婚姻，我们会发现有些夫妻真的很奇怪，总是看到他们在吵架时，一点儿都不给对方面子，也不怎么顾及地方和场合，可你就是觉得他们还能够好好地过一辈子。究其原因，不过是因为他们把自己心里的话都说出来了，虽然说话的时候是有些伤人，但是听的一方未必会没有触动，未必不会悄悄地去改变自己来适应对方，自然日子就可以过下去。

幸福的婚姻，并不是大家看上去很完美，而是夫妻双方懂得如何去解决生活中的问题。而这些问题的发现，一方面要靠平时的观察，另一方面便是及时地沟通，而沟通，是对婚姻最好的"年检"！

当然，以"吵架"来沟通，并不是最好的年检方式，这种方式太激烈，虽然话说了，但感情也因此受了伤，纵然婚姻维系了下去，幸福指数也不是很高。作为一个能干的女人，应该时刻懂得观察自己的婚姻，如果觉得过得很舒服，那么可以进行为期半年或一年一次的沟通和交流，如果已经出现了问题，更加频繁地沟通也不是不可以。

沟通的方式也有很多种，夫妻双方窝在厨房里做一顿饭，晚餐后在小区里的漫步，甚至偎在床上的交枕而谈，都可以让彼此很自然地敞开心扉。所以我们常常看到有一定年纪的夫妻散步，会很羡慕，这每一次的散步，都能够让彼此更懂得对方，然后调整彼此相处的方式，才能够真正地携手，走到幸福的终点。

爱要正面说出来

晚上，正在厨房做晚饭，却被楼下传来的声音吓一跳，是楼下的邻居。邻居年近40，有一副好嗓子，可惜让人听到的总是对老公的训斥，虽然有些话真是关心，可是她偏偏要说得那么不讨喜。

如这一次，女人还没来得及上楼，便在楼道口非常愤怒地斥责："你为什么又要买西瓜？前天买了一个刚吃完，钱没地方花，烧得慌啊？"然后掏钥匙开门，或许是因为太愤怒了，半天竟没打开防盗门。这会儿，男人有些底气不足的回："正是吃西瓜的时候……你们不吃我吃。"女人的声音立即又提高了8度："你吃？你还在拉肚子呢，你想祸害谁啊？"

瞧瞧，女人本是关心男人的身体，怕他吃了西瓜会更不舒服，可偏偏要加上"想祸害谁"，叫人听了就算知道她是好意，也没办法生出好感来。有些女人对男人的爱真的就是那么奇怪，将关心和爱死死地压在心底，似乎非得摆出一张臭脸来，否则，就好像是没了脸面似的。最后，其实面子里子都没了。

玉红走进婚姻生活近 20 年，没人不说她是个负责任的好女人。玉红每天将一日三餐安排得极好，家里洁净得看不到一丝尘埃，衣服永远都是带着皂香，便是生病了，也会将老公和孩子们的生活安排得很好。可是，家里虽然没有一个人说玉红不好，可是也没有一个人说玉红好的，提起她来，都只是摇头叹气，有一种说不出来的无奈。

那些，听说玉红和儿子吵架了，10 多岁的孩子正是叛逆期，再不像以前那样处处顺着玉红来，把她气得眼泪直流。详细问过之后，才知道事情并不大，不过是该怎样去上兴趣班，儿子要打车去，玉红觉得路程实在是不远，不过两站地，怕养成他奢侈贪享受的坏毛病，因此不同意，甚至开口道："你当你是富二代吗？家里没那么多钱让你糟蹋。"儿子说，那就走路过去，玉红又道，"走路中暑了，还不是要我照料，你是嫌我的日子过得太轻闲了，非得给我找事儿是不是？"本是好意，却说得儿子怒火中烧，一句话："我死在外面也不要你管。"然后顶着烈日就出了门。玉红急得不行，一边找出太阳伞送出去，一边还忍不住骂道："长这么大，饭都白吃了，话都不会说。"说这话的时候，玉红没想到自己其实也是一个不会说话的人。

现在几年过去了，玉红感觉是越来越不幸福，和老公早就形同陌路，儿子拼命读书，成绩不错，但原因却是想早点儿离开这个家，甚至都想好了，以后寒暑假都不回来。

玉红很是迷茫，做了几十年的女人，她竟然不知道女人究竟该怎么做了，在婚姻里研磨了十几年，兢兢业业，体贴老公，关心孩子，孝敬公婆，竟不知道为什么幸福会越来越远。

玉红从来没想过自己说话的方式有问题，俗话说"良言一句三春暖，恶语伤人六月寒"，可见会不会说话在生活中有多么重要。玉红便是因为不会说话，因此哪怕她付出再多，最后的结局只能是与旁边的人渐行渐远。

有的时候，不会说话的女人往往是付出最多的女人，她们不会让男人在家里动一根手指头，却又因为怕失去，所以茫然不知，说出种种在自己看来是为了大家好其实伤人的话，来展示自己的重要性。只是在这样的言语伤害里，再亲密的关系也承受不起。

还有另外一种女人，是太强大，因此总希望老公比自己更好。可是在职场上，男人的机会并不比女人多多少，因此不如意也是情理之中，可是女人却不这样想，只是失望，于是在单位端庄清雅的女人，回到家便变成了一副怒骂叫嚣的母老虎形象。

琳香便是一个职场"白骨精"，但是每一次单位有什么聚会，她都不会带老公去，因为左看右看，都觉得带不出手。有的时候，不得不带家属出席，她都要再三叮嘱，一定要记得换衣服，别带着一股子油烟味儿过来。然后，从头到尾恨不得把老公系根绳子拴在身边，生怕他说了什么不到位的话，直到宴会结束，两个人都疲惫不堪。

在外面是如此，在家里琳香更是言辞如刀，刀刀见血，不把老公伤得体无完肤不罢休。在琳香的心里，她这是为了老公好，这是激将法，只是激将却也不能以伤人为目的，因此老公拼了命净身出户也要离婚。

琳香和玉红无疑都是爱老公的好女人，可偏偏她们都忘了，她们不是妈。更何况，即使作为一个母亲，这样的教育方式，其实也是不可取的，如玉红，逼得儿子竟然再也不回这个家，更何况是一个妻子。

相信所有的人走进婚姻的时候，是奔着幸福去的，尽管每个人对于幸福的理解都有所不同，可一定需要互相理解和关怀。男人沉闷的时候，需要女人的温柔体贴，女人累的时候，希望有个肩膀给自己依靠。而不是将一个原本温暖的、可以放松的家，变得比在职场更累。职场中人，虽然各有各的目标，但多少会顾及一些颜面。一个不会说话的女人，则比任何人都会更加肆无忌惮，因为在她们的眼里，婚姻是特别稳固的，因为自己是特别用心的。只是这样的一份用心，真的用错了地方。

既然爱，既然向往幸福，不如好好地说话，将自己的关心用正面的方式说出来，那些质问和讽刺即使是长在自己的身上，也要狠狠心将它挖出去。为了幸福，即使痛，即使不适应，也是值得的！

婚姻，也要增加免疫力

那天，文友群里，一个文友说，她的一个女同学刚刚自杀身亡了，留下了一双儿女。说起来，事情并不大，不过是和老公吵了一架而已。夫妻间吵架，这事儿似乎并不大，何至于要走到这一步？"她在婚姻里总是挺惶恐，一丁点儿风吹草动，她便忧心不已。"文友感慨地说。

在婚姻里，惴惴不安的人其实并不在少数，尤其是女性，她们希望知道老公每时每刻都在干什么，当手机出现了定位系统后，她们如获至宝，每天都要查看对方去了哪些地方，如果某一个地方去得比较多，她们便会心中生疑，甚至也会过去查看一番。看这个地方，对老公究竟有怎样的吸引力，那样的一种对婚姻的不安心，已经到了近乎变态的地步。

不得不说，这样的女子在婚姻里是极其脆弱的，如同人的一场感冒，其实只需要多喝水便可以好，可是她却需要住院治疗。当面对更大的病痛时，便无药可医了。

文友的同学如此，安安也是如此。结婚5年，安安无数次离家出走，每一次都不是装样子，而是真的心碎神伤。因此，当安安提出离婚的时候，大家反而松了一口气，有的时候放手，也是一种智慧。可最终安安没有离婚，再一次离家出走了。

事情的经过说起来叫人既好气又好笑。那次安安在咖啡馆和朋友闲聊，眼睛一瞥，居然就那么巧，看到老公正在和一个女孩儿过马路，而且还牵着那个女孩儿的手。安安当时眼泪便下来了，自己担心多少年的事，终究还是发生了，当时朋友吓坏了，安安走到哪儿朋友跟到哪儿，直到安安表示要离婚，这才松了一口气。

以安安的性格，朋友怕她做出什么不可挽回的事情来，相比较起来离婚算是理智的选择。于是让安安和老公好好聊聊，就算是离婚，有些事情也需要谈清楚。可谁知，第二天一早，安安老公说安安再一次离家出走，大家便懵了，这是怎么一回事？问了之后才知道，原来那天和安安老公一起过马路的是他乡下的远房表妹，正在读高中，因为买书才来城里，过马路的时候车多，他才拉了一下表妹的手，他一直当她是孩子。可是安安却并不开心，因为老公虽然解释了，可是却没有哄她。

这一次，安安老公并没有找她，而是该上班的时候去上班，该回家的时候回家。或许是累了，不想再哄她了，最终安安自己回了家。自那以后，安安渐渐坚强了许多，或许她懂得了有些事情，不是你柔弱，就能得到同情和关爱。如同生病，一次两次自然会得到家人的嘘寒问暖，次数多了，即使最亲近的人，也会疑惑是不是哪里出了问题。婚姻却又不比身体上的病，身体上的病到医院可以治好，婚姻里的病，如久治不愈，总能使人轻易地想到放弃，更别提能够幸福地过日子了。

如安安这件事，但凡聪明或坚强一点的女人，就算是再伤心难过，即使是咬牙切齿，也要问一句："那个女人是谁？"可是安安却不问，因为她承受不了不好的答案，宁愿自己退出，保留住最后的自尊。可是，婚姻不是个玻璃瓶，什么都能看得透透的，婚姻更不能成为温室里的花朵，永远都能躲在里面不见风雨。因此，婚姻如果没有免疫力，即使表面看上去美丽娇艳，可一遇到麻烦事，便会快速枯萎。

安安差一点儿就离婚了，她是幸运的。更幸运的是，安安开始反省，是不是自己太小题大做。其他许多看上去挺美满的婚姻，最后却不声不响地离了，说起理由来，大家都觉得不可思议，就因为这么一丁点儿原因？可当事人却觉得苦不堪言，因为承受不起。如有的人感冒了照样工作生活，顶多多喝几杯水，但是有的人却非得在床上躺几天，甚至要去医院打点滴才能够好。

那次，和一群朋友吃饭，其中有一对是夫妻。吃饭的时候，聊起个人追求的事，男人指着自己的女人说："她一点儿追求都没有，就喜欢睡觉。"女人则开心地点头道："对啊，睡觉多好啊，这叫以静制动，又养颜又养身体还省饭钱。"男人听了也是呵呵一笑。之后，两人又互相揭短了几次，对方都是乐呵呵地承认，一点儿不好意思，或者愠怒都没有。满桌子的人，也并没有就因此觉得这一对夫妻真的如他们所说的那样不够优秀，反而谁都觉得他们是幸福的一对。

婚姻中，没有免疫力是件可怕的事情，那样的婚姻太脆弱，脆弱到对方的一个牢骚、一句抱怨、一个不满意的眼神，都理解成为"不爱"。而真正美满的婚姻，不是日复一日的温情蜜语，而是要增加抵抗力，就像一个孩子，穿得太多，呵护得太好，反而容易生病，粗糙一点，马虎一些，在面对风雨的时候，挺挺腰，反而能够牵着手一路走下去。

先快乐，再幸福

多年不见的朋友，见了面之后，谈及家庭，大多数人问的是"日子过得还开心不"而不是"日子过得还幸福不"，排除"幸福"有些矫情之外，幸福不一定是因为快乐，但是不快乐，却一定会让幸福渐行渐远。

马茹是一个严肃的女人，她自幼便是在她妈极其严格的教养下长大的，比方说，自她记事到现在，只要身体健康，从来没有在 7 点以后起过床，如果有哪一天马茹在床上躺着，那肯定是因为生病了。不仅自己如此，马茹对老公也是如此要求，哪怕是下雪天，也要求他 7 点起床。有一回老公坐在沙发上，看着马茹："你要起这么早干嘛呢？"马茹的回答是："你躺在床上除了做梦，又能干嘛？"老公顿时无语，马茹还又加了一句，"梦，都是虚无的。"谁不知道？可有的时候，人就是想要那么一点儿虚无的东西，来让自己放松一下。

如果单单是起早床这件事，倒也不是多难受，毕竟习惯一旦养成了，想改都不容易。可是，马茹对生活的严谨不止如此，记得有一次老公的几个同学聚餐，于是把马茹也带去了。回来后，马茹便一本正经地对老公说："你以后不要和他们来往了。"老公觉得有些奇怪，回想了一下，大家并没有什么言辞上对马茹不尊敬的地方，直到马茹摇头叹道："他们居然随便对女人的外貌指指点点，生活态度……太不严谨了。"老公顿时不知道该说什么了，其实几个同学只是聊了几句当红的明星而已，而且也没说什么太过分的话。

自那以后，老公尽量不让马茹和自己圈子里的朋友有什么来往，也不轻易在马茹面前对事物有过任何评论，生怕一个不小心，便触范到马茹的底线。只是，这样的生活，真的就只是过日子而已，没有一丁点儿的快乐可言，自然也不会有任何的幸福所在。

而白羚则是另外一个类型。白羚总觉得老公永远都长不大，这本也挺正常，有许多男人直到老都有一颗童心。懂得这样的男人，会跟他一起疯，一起享受世界带来的乐趣，可是白羚却觉得成熟的男人最有魅力，于是不遗余力地去打造老公。

那次，白羚和老公一起参加一个行业内的酒会，老公在白羚的收拾下，俨然成为成功人士，可是一到现场，便逃脱了白羚的掌控，竟和一帮孩子玩得不亦乐乎，把白羚气得牙都快咬断了。回到家，白羚便噼哩叭啦地训导上了："你知不知道这个酒会有多重要？来的全是业内的大佬儿，不说你和他们拉近关系，能留点儿印象也好啊，可是你却和一帮孩子玩得那么开心，他们是能给你业务，还是能提升你的社会地位……"这一晚上，白羚都在给老公讲，要如何如何在社会上立足，要怎样让别人认识到自己的能力，无论在什么时候，都要有一颗时刻准备着积极向上的心，最后老公只说了一句："白妈妈，可以让我睡觉吗？"一句话让白羚知道自己的努力是白费了。

面对这样的老公，白羚忍不住哀怨，为什么他总是长不大呢？自己就像带孩子似的。走进婚姻时，向往的幸福感，真是一点儿都没有感觉到。在朋友的剖析下，白羚才明白，自己一直没有给老公成长的机会，一直把他当成孩子，那么，自然享受不到来自婚姻的幸福感。

记得一位女友曾经说，有一回她和老公冷战了3天，在老公想尽办法逗她开心的情况下，最后她选择了原谅。后来她才知道，其实老公根本就不知道自己错在了哪里，而是不喜欢家里冷冰冰的氛围，在她笑了之后，老公告诉她，每天早晨出门的时候，只要看到她笑着说再见，这一天便会觉得很愉快。如果发生了几句口角，哪怕是极小的一件事，这一整天也提不起精神来。其实一个家庭的氛围对于男人来说非常重要，而主导这样一种氛围的，却又往往是女人。所以说，家庭的幸福，一大部分其实是掌握在女人手中的。

思思便是一个既聪明又有趣的女人，她很懂得调节家庭的氛围，使家里每个人想到家便暖烘烘的，然后归心似箭。有一次思思过生日，正好她换了大房子，便请大家一块儿过去。谁知道一大帮子人下班到家的时候，才发现家里居然黑漆漆的一片，大家顿时面面相觑，而且心里也很忐忑，怕思思会找她老公麻烦。因为思思家老公是主厨，而且思思说她早就跟老公说过了，要让大家尝尝老公的手艺，可是现在这情形看，分明是老公给忘了。如果有事耽搁了，自然是会提前打个电话说一声的。

这时候，有人喊："你……回来啦？"大家这才发现，思思老公一脸尴尬地跟着大部队的后面，分明是刚刚上的楼。"我……"思思老公挤到前面来，面对思思有些语无伦次，谁知思思竟然笑了，对大家说："我老公估计前世是个御厨，吃他做的菜得要缘分，今天看来你们是没有缘分吃到了。"这话一出口，大家都松了一口气，纷纷表示以后天天来制造缘分。最后点了许多外卖过来，思思老公一直在旁边殷勤地给大家削水果，拿点心跑腿，甚至扮丑逗大家一乐。

这次之后，思思的家庭在大家的眼里成为了幸福的典范，因为一个女人懂得用幽默的方式为老公解围，一个男人懂得用最得体的方式为女人加分，如何会不幸福？

杨绛在《我们仨》中，对自己一家人的生活从前至后都做了极为详细的描写，可能有许多记不清楚的细节，但是大家都会有同样的一个想法便是，这真是幸福的一家人。为什么呢？因为他们一家很快乐，这样的一份快乐，和女主人杨绛有着脱不开的关系，她使家庭不论在什么时候都处于一种平和又快乐的氛围中，即使在最艰难的时候。

走过婚姻，如同爬过一座山

阿沅离婚了，她感慨地在朋友圈里发了一张图片，上面只有一句话：还是没爬过婚姻这座山。为她伤感之余，又觉得这句话真的是很贴切。

婚姻可不就是一座山，走到山脚下的时候，你会发现美景如画，两个人携手轻松前行，连路边的野草野花都别有趣味，即使是下着雨的天，都觉得是老天爷赐予的浪漫和美好。可是走到山的中段时，就开始觉得累了，开始气喘，脚发软，离目的地还有很远，回到起点也是不可能的事，如果男人能够扶女人一把，还有一份温暖在，如果男人只顾着自己爬，或者自己也无余力，分道扬镳各自寻找更合适的伙伴，也不是不可能的事。这一个阶段，是最为艰难的，因为疲累和不知道接下来还能坚持多久的惶恐，沿途再美的风景也会无心欣赏，但是，撑过了这一段，真正地爬到了山顶，却又是别样一番景象。那样的一份豁达与胸襟，是在山下和山中间的时候，无论如何都想象不到，也体会不到的。

全羽在婚姻里便经历了这样一个爬山的过程。

在最初和老公结婚的时候，两个人情投意合，虽然日子过得挺辛苦，连新房都是租来的。但每天一起出门是幸福的，各自上班的时候想着对方是幸福的，一起去买菜是幸福的，甚至夜里搂在一块儿看综艺节目都觉得志趣相投。可是美好的生活随着两年后儿子的出生，就渐渐消失。

对于不怎么会处理夫妻关系的人来说，孩子的出生消耗掉的不仅仅是金钱，还有他们之间的感情，全羽当时和老公便是如此。全羽听说孩子还是自己带，以后会比较优秀和乖巧，于是决定再辛苦也不请家里的老人和保姆帮着照看。那段时间，全羽不知道自己是怎么过来的，每天都是处于迷迷糊糊的状态，孩子什么时候醒她什么时候醒，孩子什么时候睡她什么时候睡，哪里有精力顾及老公。儿子走进小学了，全羽忽然发现，自己和老公之间已经生疏得只比陌生人要强一些。

一对熟悉的陌生人想要重新爱上，无疑是一件挺难的事情。日子久了，两人都觉得这样挺没意思，尤其是老公，他觉得这样的生活简直是浪费生命，于是提出离婚。全羽看了老公半晌，终于点点头，还问："要不要我帮你收拾？"虽然那天是周末，没办法去办手续，但毕竟已经同意离婚，便再也不适合住在一起了。

老公愣了一下，然后赶紧摇头说不用。他的东西很多，却只整理了一皮箱的衣物，全羽道："没事，不要的话，我就帮你扔了，走的时候，记得帮我把门带上。"老公听了这话，心里颇不平静，他没想到她会如此决绝，毕竟他们那么多年的夫妻，毕竟他们还有孩子、有公司，有许多共同拥有而割舍不下的东西。他想，全羽总要闹一下、哭一下的，可是，她微笑地接受了。

约好周一去民政局，可是全羽到了民政局，老公却说有事去不了。此后，没有人再提离婚的事，也不知什么时候，老公回家了，好像是拿什么证件，拿到了便不走了。全羽依旧人淡如菊，什么也没说，只是问，晚上吃什么？就像他只是出了一次长差。

那晚，全羽做了红烧鳊鱼，还是像以前一样，煎至两面焦黄，红油豆瓣酱，白的蒜，黄的姜，绿的葱。曾经，老公不喜欢这么油腻的鱼，他在外面吃了太多油腻的东西，希望能够回家的时候，能够清清肠胃，还为此摔了筷子，你就不能清蒸一下吗？每次都红烧。可这次，他忽然觉得很安心，他问自己是不是还爱着全羽，没有答案，但却明白，自己想家了。

全羽还是像以前那样过，可，又有一点点不一样了。她并没有因为老公这次的回归而讨好他，还是像以前那样，穿自己喜欢的衣服，看自己喜欢的书，也会不经意地问一下他公司的业务情况，并且会给出非常独特的见解，让他不得不刮目相看。

全羽也会让老公在黄昏回家的时候，发现沙发套换上了清新而又温暖的碎花图案，他问，哪儿买的？她答，自己缝的。

全羽更会在野外采一把野花回来，精心地修枝剪叶，再插到水晶瓶里，竟比花店买的更有风姿。老公发现，她认识很多野花，什么甘露子、琉华菊、笔龙胆，简直叫他瞠目结舌。

几年的时间，全羽在老公的眼里如同一个透明的人，这会儿，却对她起了想研究一番的心思。越研究，便越觉得全羽值得自己去珍惜，于是倒像热恋时那般，对全羽好得不得了。有熟人知道他们婚姻的波折，于是问全羽，怎么有这么好的修养，可以不争、不吵、不闹地接受？全羽笑着答，婚姻是座山，爬上去不容易，途中有风有雨有崎岖的山路，但心要安定，有风的时候看风的景，有雨的时候，看雨的景，其实，都是风景而已。

也因此，全羽的婚姻虽然摇晃了那么一下，但最终还是稳稳地站住了。

有句俗话叫"少年夫妻老来伴"，许多人都点头称是，因为老了需要人照顾，所以两个人在一起是最好不过的。其实，这一句话概括了整个婚姻，少年夫妻美有情饮水饱，老年夫妻历经风雨沧桑，凡事都不再计较，倒能相依相伴，唯有人到中年，上有老下有小，重重压力让夫妻二人常常忘了"感情"这回事，于是就单凭着一股子劲儿或者责任，爬到山头，其间的辛苦，不说也罢！

只是，谁又能说，婚姻的这座山是不值得爬的？且不说少年夫妻的美好和老年夫妻的心心相印，单说中年期那最不堪回首的一段时光，只要闯过去的人，谁又能否认，也有幸福浸润在其中呢。

暖女人，更幸福

　　浪子阿中结婚了，大吃一惊之后，几乎所有的人都吵着闹着要见他的新妻。因为阿中的恋爱史实在是太多了，但万变不离其宗，便是漂亮，每一段恋爱中的女主都很漂亮，而且各有各的韵致，有的明艳、有的婉约、有的文艺、有的狂野……但无论哪一种，无论逼婚到什么地步，阿中都不愿意走进婚姻，最后落得一个"渣男"的称号。

　　因此，没有人不想看看，终结"渣男"阿中的究竟是何方仙女。只是当大家看到仙女的时候，都吓一跳，不是因为太美，而是太普通。普通到所有的人都不敢提及阿中以前的女友，怕伤了她的心，但毕竟人数太庞大，躲也躲不过去，避也避不开，阿中自己却肆无忌惮。有朋友担心新妻心里不舒服，没想到新妻却笑着说："那都是阿中过去的事！"这意思很耐人寻味，一个意思是，过去的事与我无干，另外一个意思是，是阿中过去的事，所以她也很感兴趣，并表示接受它的存在。

之后，新妻一直笑着听大家聊天，不管听到什么，永远都是淡淡地笑，偶尔给大家添些茶水。这样的一个女人让人立刻感观大变，她无疑很聪明，但也很暖，懂得怎样去说去做，让家里的男人觉得很舒服。这并不是低声下气，也不是委曲求全，而是懂得审时度势，明白怎样的家庭氛围才能留得住家人。

吴佳结婚多年，时常感叹自己的命不好，想到和老公结婚的时候是裸婚，现在生活也不富裕，自己都不在意，只希望老公能够对自己好一些，做一个"暖男"，可是偏偏这一点点的要求他都做不到。听说，好男人都是教出来的，于是吴佳有不满的时候就说出来，如自己累了的时候，她会躺在沙发上说："老公，我好累啊，你来帮我捏捏腿呗！"结婚纪念日，吴佳也会趴在老公的肩膀上说："咱们订个餐厅庆祝一下嘛。"休年假了，吴佳会找出一大堆旅游的宣传资料，告诉老公她想去哪里，他又应该怎么安排……最初的时候，吴佳还觉得挺幸福，可是渐渐地她发现，幸福竟然都是自己安排来的，于是故意不再提醒，结果老公又是回到了原点。

"你到底有没有心啊？我都已经告诉你该怎么做了，你照办都不会啊？"吴佳气得声音都哽咽了，可是老公好了没多久，又故态重演。吴佳都怀疑老公是不是故意的，要他做个"暖男"就那么难吗？自己这不也是为了婚姻和谐吗？闹了几次之后，没想到倒是老公发飙了，冲着吴佳嚷嚷："我不是不想对你好一点，可是我也很累啊，你知不知道我现在手头的项目正在关键期，你知不知道我发烧两天了，你知不知道我希望回家有一个安静的氛围，而不是走在路上就想着怎么哄你？为什么你总要求我暖，你就不能暖一些呢？"一席话说得吴佳呆立当场，她一直以为，"暖男"都是男人的事，而从来没想过，要做一个"暖女"。

爱情是要付出，可最终却还是双方的事情，而不是那种剃头挑子一头热。当我们希望男人对我们好的时候，首先不是靠提醒他来温暖我，而是用温暖他，来让他明白温暖的力量。

有些女人也很迷茫，明明自己很关心他，也很体贴，可是为什么他却一点儿都不接受呢？是的，许多女人的暖，男人体会不到，甚至认为过于琐碎，过于细致而不耐烦。

虽然做一个暖女，会让生活更幸福，但是该怎样去"暖"，也是有技巧的，甚至是一种智慧。如小荷的暖，便恰到好处。

小荷是一个谁见了都很容易产生亲近感的女人，她虽然不漂亮，但许多人都愿意和她来往，说她可以用三个字来形容，便是"治愈系"。小荷说话永远不急不慢，不管是谁跟她说话，她都能够很认真地去听，永远是笑意盈盈地面对所有的人，虽然不漂亮，但她结婚的时候，几个男孩儿在婚宴上醉得一塌糊涂，而更多的人是羡慕小荷的老公，娶到这样一个女孩子回家。

婚后的小荷并没有恃宠而娇，她不会因为想要和老公交流沟通，而刻意地去找话题，但却又能关注老公的一切，当他心情愉快的时候，她会撒撒娇，甚至会提一些比较过分的要求，当老公情绪不佳时，她只是泡好一壶他喜欢的茶，如果老公有话要说，她便极认真地听，如果老公不想开口，她就到书房里去看书。往往到最后，是老公端着一杯奶进来，坐到小荷的旁边，开始倾诉让自己心烦的一些事情。有很多次，老公说着说着，就在小荷旁边睡着了，第二天，又能精神抖擞地出去工作了。

不止一次，小荷老公在说起小荷的时候，都是一脸的满足感，他觉得娶了这样的一个老婆，是他这一辈子最幸运的事情。所以，他也愿意尽其所能地对小荷好，他陪小荷看自己并不喜欢的韩剧，给她找买不到的绝版书籍，带她去看每个季节最独特的风景。甚至在小荷看书伤心难过的时候，他都会陪着一起黯然神伤，因为看到小荷流泪，心就会痛啊。

小荷用自己的行为让老公懂得了，适度的靠近、合适的距离才是真正的暖，既不会把人灼伤，也不会太冷。

看到有论坛里有人说，做自己就好，为什么要刻意地去温暖别人，暖好自己不行吗？可人总是贪心的，尤其是在婚姻里的女人，会因为男人的温暖而更加幸福。况且，想象总是美好的，我们的幸福来自自己的温暖，可是日子久了，会觉得孤单，而这样的一份幸福，光靠自己的温暖是很难得到的。所以，学会两个人抱团取暖，是对幸福最好的呵护。

懂得学习，让幸福更久一些

"双十一"之后，包裹满天飞，大多数人的包裹都是衣物或者日用品，唯有沐音的包裹全是书，其中最多的是婚姻方面的书。有年轻同事不解，怯怯地问沐音："姐，您怎么……怎么看婚姻类的书啊？不是结婚都十几年了吗？"还有一句话没说出来，是不幸福吗？但沐音懂，却笑了，然后告诉小同事，"活到老学到老"啊，这不仅仅是生活中的智慧，其实在婚姻里也是挺适用的，婚姻是变化的，再幸福的婚姻其实也需要学习。

"如果可以，我们都愿意婚姻能够幸福得更久一些，所以，每一个人都应该主动去学习怎样才能经营好婚姻。"沐音说。

常听人说，最好的婚姻不过是凑合着过！这句话初听很是明白，但细细想来，却颇令人费解，明明是两个相爱的人，怎么到最后就凑合着过了呢？因为没办法沟通，没办法幸福地过日子啊。可是，日子是一天天过过来的，如果没有特别的事情，是不会突然就到这种地步的。换句话说，为什么要让自己的婚姻到这样的一种地步？

沐音和老公也有一段不愉快的时期。那天，她和老公不知道为了什么事情吵起来了，到最后愤然道："你是不是不爱我了？"谁知老公竟没好气地回："都老夫老妻了，能不能别成天把爱挂在嘴上？生活得理智地过。"那一刻沐音真的懵了，不明白什么叫"生活得理智地过"。

后来，沐音发现自己和老公之间有许多的事情其实是不一致的，比方说他从来不记得结婚纪念日，给沐音的生日礼物也不用心，打个电话往往是几句话把事情说完便匆匆挂断。以前沐音想着，日子都是这样凑合着过吧，可是渐渐地，她有些心灰意冷，把这一切都归结到"不爱"上面来，顿时虽然婚姻在持续，可是却毫无暖意。

直到有一天，老公以一副百思不得其解的样子问沐音："我们有个女同事劝解另外一个女同事，婚前得睁着眼，婚后睁一只眼闭一只眼，生了孩子之后两只眼睛就得全闭上，这是什么意思啊？"沐音听了顿时大乐，这在女人的角度来看很好理解啊，婚前睁大了眼睛找个适合的人结婚，人品、家境或职业，总要自己日后不后悔才行，而婚后两个人需要磨合，许多的生活习惯和方式都不一致，因此糊涂一些更好，生了孩子后呢，那更是兵荒马乱，还能计较什么呢？

"原来是这样！"老公恍然大悟。那天沐音和老公聊了很多，也明白了许多矛盾其实和爱无关，不过是男人和女人之间性格的区别。如对于"好男人"的定义，男人是把赚的钱交给家里，然后有责任心，不花心、不出轨，而女人明显要宽泛得多，也要细致得多，如：要记得各种纪念日，逛街的时候要有耐心，陪老婆回娘家的时候得笑着，每天要抽出时间和孩子一起玩，大多数的晚餐要在一起吃，如果能下得厨房就再好不过了……老公听了沐音的话，挠了挠头："这个世界上有你们女人所谓的好老公吗？"他第一次觉得自己似乎不够好，沐音截钉斩铁地回："当然有！"只不过，可能都是在别人家里。

话虽如此说，不过沐音第一次发现虽然走进婚姻这么多年，但她的确还不够了解婚姻，因为她对婚姻中的另一方，自己的老公都不是很了解。

比方说聊天的问题。沐音曾经非常伤心和难过，为什么老公每天回家都不怎么和自己说话，她将自己家形容成一个盖上了盖子的罐头瓶子，闷得快要爆掉了。甚至因此，她怀疑老公有了别的心思，于是两人的状态是，老公沉默寡言，沐音闷闷不乐，他们周围的空气都要稀薄得多。可是看了一个关于男人和女人的短片后，沐音才知道原来女人每天要讲2万个字，而男人只需要说7千个字，这7千个字他如果在单位话多一点，很快就讲完了，所以回家只想要静静地待一会儿，并不是对这个家不满意，反而他可能认为这是最温馨的时刻。

看了这个短片后，沐音顿时傻了，想着，那我怎么办？我的工作不怎么需要说话呀。琢磨了几天，沐音想到一个好办法，她用录音笔将我自己的话给录下来，最开始的时候不成章不成篇，一段时间后，渐渐地竟有了闪光点，再到最后，她居然能够"说"出一篇文章来。而与此同时，老公明白女人喋喋不休是生理需求后，便把"寡言"放在了单位，话尽量留回来跟我说，没想到也有收获，他在领导的眼里"越来越稳重"，成为一个"值得信任"的人，且因此升了职。

那天老公难得地在沐脸颊上亲了一下，踌躇满志地说："老婆，你真的是旺夫啊！"沐听了也笑，哪里是什么旺夫，不过是因为带着一颗善于学习的心去对待婚姻，遇到了事情，多想一想，究竟是我们的生活和感情出现了问题，还是我们的方式方法不对，或者是不是要先予以理解，然后再去琢磨解决的办法。

因此，凡是涉及婚姻的话语沐音都会很用心地去倾听，有些非常适用的，她还会用笔记下来，这些观点，常常让她有醍醐灌顶之感。到后来，每次婚姻出现问题的时候，沐音都会上网查找相关问题解决的方案，即使案例不一样，但也是可以借鉴的。比方说，老公喜欢喝酒，可是沐音很担心老公的身体，最后居然在一本小说里找到解决方案。她买回好几瓶价格不菲的好酒，有一瓶还是限量款，老公顿时开心不已，直说沐音是好老婆，甚至他都舍不得喝，直要收藏起来。

可是沐音的酒却不是那么好喝的，这些酒归老公，他可以收藏也可以喝，但是一旦在外面喝醉了回来，便要自己砸掉一瓶。老公听了顿时呆住了，还没砸便开始心痛，自那以后，在外面喝酒就真的是浅尝辄止，再也没有醉过，因为他舍不得那些酒，而沐音再也没有因为喝酒的事情，和老公吵过架，生过气。

除此之外，沐音还时常会看一些婚姻方面的书籍，如那句老话"事缓则圆"，事情缓一缓，让自己通过各种途径去了解它的本质，解决起来便容易得多，幸福自然也就悄悄地回来了，又何愁日子过得不顺遂呢？

角色互换找幸福

关于男人和女人，性格差异是绝对存在的，所以往往男人会不明白女人为什么总喜欢胡思乱想，而女人也很气愤男人怎么总是听不明白自己的话。彼此都认为对方不够理解自己，长此以往，隔阂便自然而然地产生了，甚至成为一道跨越不过去的鸿沟。要解决这个问题，最直接的方式，莫过去将自己置身于对方的环境，才能够做到互相了解。

简雅发现自从儿子出生后，生活便陷入了一团乱麻的状态，虽然有婆婆帮忙，但儿子的吃喝拉撒睡全由她一个人在管。这也就罢了，最让她不平的是老公一点儿忙都不帮，每天回家就往沙发上来一个"葛优躺"，看得她眼睛直冒火，真当这个家是客栈吗？

婆婆在的时候勉强也就可以过了，但春节婆婆病了一场，身子骨儿大不如前，大姑姐便留婆婆在老家休养，简雅自然也不能再麻烦婆婆，于是对于老公的行为越发看不上，两人不可避免地大吵了一架。

简雅眼泪汪汪地哭诉，当初嫁给他，是因为他说过要让自己幸福的，可是现在呢？幸福的影子都看不到，自己却成了老妈子。往常见简雅不开心都来哄一哄的老公竟一脸地不以为然，还挺着脖子道："你照顾的是自己的儿子，有什么可累的？你当我轻松呢，公司的事情麻烦着呢。"

简雅听了也是不屑一顾，老公前年辞职自己开了家小公司，刚开始的时候恐怕是有些辛苦，但现在已经上路了，所以俩人才决定要孩子的，哪儿有他说得那么难，不禁脱口道："真有那么麻烦，也是你自己能力不行。"话说出口简雅就后悔了，可又觉得老公说话其实也挺伤人，什么叫照顾自己的儿子就不累，有本事你试试看。

没想到，老公怒视简雅几分钟后，竟说："我能力不行，那你去呀！我在家带孩子行了吧？"简雅一愣，然后一口应下，想当初她也是职场精英，正好也叫他知道带孩子的辛苦。第二天就是周一，天刚亮儿子就醒了，简雅推了老公一下，催促说："泡奶去。"然后自己起床洗漱穿戴完毕便去公司上班了。

公司的员工都认识简雅，但是当知道她将代理一周的总经理时，便都静了下来。简雅能够理解员工们的情绪，换了一个领导，刚开始肯定是有些不适应的，但是她相信自己的能力，因此也就没在意。坐进总经理办公室，简雅都要欢呼起来，终于摆脱了奶粉、尿布和宝宝餐了，只是笑容还挂在脸上，办公室的门便被敲响了，是财务经理，拿了一堆审计报表进来。

如果不是自家的公司，简雅都要怀疑财务经理是不是故意针对她的。之前简雅在原来的公司做的是文案策划，从来没接触过财务，可这个也不能胡乱就签字，最后只能让财务经理把报表送到家去，还是得请老公来解决。

想来这也只是碰巧，总不会天天有报表要签字，简雅这样安慰自己。可是后来的日子也不轻松，今天要陪着业务员出去应酬，就差她这最后的临门一脚呢，明天又有项目要做计划，然后还有一堆的项目预算和营销推广的会要开，什么都得简雅来拿主意，毕竟公司规模还不是太大，正是需要亲力亲为的阶段。

熬过了3天，简雅听到敲门声或手机响都忐忑不安，甚至怀疑是不是老公故意安排他们为难自己，可是负责行政的小师妹却说，大家考虑到简雅不了解情况，已经尽量减少了她的工作量，给她一个缓冲期，不是一定需要她拿主意的事情，他们都是自己做了。

原来，公司走上正轨真的是累啊，就如同跑在高速路上的车，看着容易，其实更要专注。简雅并不是一个冥顽不灵的人，她左思右想，最后决定还是和老公换回来，却没想到老公提前苦着脸说："老婆，都是我不好，带孩子真的是太累了，这么个小东西怎么那么能折腾人呢？"原来这些天，老公的日子也不好过，该午睡的时候，孩子却闹得欢，好不容易哄睡着了，他自己却又精神了……"我宁愿再办一个公司，也不愿意在家带孩子。"老公两眼无助地说。

不到半个月的时间，简雅和老公又换回来了。但幸福的感觉，却很神奇地也跟着回来了，老公不再认为带孩子是件容易的事，所以他下班后便直奔菜场，回家做完饭，便和简雅换着带孩子，让她看书或者看电视放松一下。

简雅也不再抱怨老公应酬太多，总是加班了，其实谁不想下班就回家待着呢？再加上在公司待了那么几天，她越发地明白老公的辛苦，因此再也不像以前那样对他怒目而视，或者冷嘲热讽，甚至还趁着儿子睡觉的时间，去自学和公司业务有关的专业知识，等到儿子上了幼儿园，她就可以回公司帮老公一把了。再加上儿子越来越可爱，简雅和老公之间的感情又进入了另外一个全新的阶段，比恋爱的时候少了一份炽热，却又多了一份温情。

也有朋友不解地问简雅："只要给你时间，你未必不能将公司打理好啊。"简雅点头，的确如此，可这并不重要。对于婚姻来说，最重要的是，通过了角色互换，给了彼此一个了解对方、从而学会理解和宽容对方的机会。

或许我们很多人没办法真正地做到角色互换，但却可以站在对方的角度去考虑问题，如果自己在这个的环境下，面对这样的问题，会是怎样的反应，会有怎样的期待。纵然不能很准确地摸清对方的心态，但至少会有一个比较积极向上的态度。对于婚姻来说，一个良好的态度，都能带给人莫大的温暖，这也是幸福的基石。

闭上嘴，给幸福留一个空间

出差回来，打开门眼前便是一片狼藉，门口横七竖八的鞋子，沙发上乱七八糟的衣服，餐桌上凌乱油腻的碗……佳惠深吸一口气，拎着行李转身住进了家附近的宾馆，并要了一个钟点房。

一个小时后，老公打来电话把佳惠从睡梦是吵醒。"怎么还没到家呢？"老公问得小心翼翼，而佳惠则平静地回道："到家了，但是又出来了，先休息一会儿再回去！"说这话的时候，已经睡了一个小时，佳惠精神极好地倚在床头，厚厚的窗帘拦住了外面的一大片阳光。电话那边，老公有些愧疚地说："我马上整理，你等会儿再回来！"佳惠笑着应了，然后拿出一杂时尚杂志来看。

正巧有朋友的电话来，知道佳惠回来后居然住进宾馆里，顿时称她真的是好有魄力，如果是她，肯定先骂一通，然后马不停蹄地开始收拾了。其实，以前的佳惠也是这样，但除了把自己累瘫，脾气也会更暴躁，和家里所有人如同水火之外，真的是一点儿好处都没有。可当时不自知，有脾气就如鞭炮一般发了出来，不管不顾，总觉得是家里人对不起自己的辛苦。可事实上，脾气虽然发出来了，但是一切都并没有什么改变。

记得那个周末，儿子念叨着要去外面野餐。老公提议去公园，佳惠摇头："公园人太多了，而且万一有管理员来赶人更麻烦。"于是老公又提议去郊外，佳惠还是不同意："现在是夏天啊，郊外什么猪粪、牛粪和一些腐烂的味儿太多了，还怎么吃得下去。"结果决定就在自家楼顶上吃，佳惠辛辛苦苦准备了一堆食物，但没吃几口，儿子直说没意思，就下楼看电视了。

眼看着这么一堆东西扔了可惜，放着又吃不完，佳惠气得恨不得拎起儿子揍一顿。"要不拿到我爸妈家去。"老公说，佳惠想都没想就拒绝了："你不看看这些是什么食物，老年人吃了能消化吗？别吃出了问题最后还要住医院。"佳惠其实是好意，儿子喜欢吃荤，因此大多都是各种肉类，公公婆婆一周吃一次肉就了不得了。她怕拿过去，公公婆婆舍不得扔，硬吃下去，倒把自己撑出病来了。

老公虽然有些不高兴，但想了想佳惠说得也有道理，于是拿起手机说："那我们再请几个朋友过来一起吃吧。"佳惠听了更是烦，没好气地顶了回去："你能不能出个靠谱儿的主意？说得倒容易，请朋友来吃，请完了呢？你和他们喝茶聊天去了，又是我的事！"说着然后顺手在老公拿手机的手上拍了一巴掌，结果他没拿稳，手机就这样"飞"到楼下去了。

"你到底想要怎么样？什么都是你有理，那你倒是出个靠谱儿的主意啊？"老公拧着眉头道。佳惠正要开口，却又被老公拦头打住："你是不是又要说，什么都要我来管，要你这个男人干什么，我倒想问问，是不是没有我和儿子，你的日子会幸福很多？"说完便下楼去了，再不管风中兀立的佳惠。

那一刻，佳惠气得真想掀了桌子。可是脑海里又情不自禁地出现老公的那句"是不是没有我和儿子，你的日子会幸福很多"，当然不是！可是偏偏佳惠对他们有颇多的斥责与抱怨。刚结婚的时候，佳惠抱怨老公工资低，后来老公升职了又抱怨他应酬多，儿子还小的时候佳惠抱怨带孩子累，上了学又抱怨他成绩不够好……善意的人会说佳惠的要求太高，可也有人认为她太苛刻，这些佳惠都知道，但却从来没有往心里去。各人有各人的日子过，她从来不认为自己这样做有什么不好的。

究竟是要求太高，还是太苛刻，佳惠无法深究，但却知道，她并不想失去老公和儿子，可现在这样的日子，明显不是大家想要的。那么，最早需要改变的，便是佳惠自己了，她也不是不明白，她最需要改变的，便是——闭上嘴。

此后，每次看到让佳惠难以接受的事情，她不再随便张口，实在忍不住时便掐自己一把。更多的时候，会换一种方式，来让自己用不着开口。

比方说那次亲戚中午来家里吃饭，吃完饭后亲戚走了，佳惠和老公都累得不愿意动弹。不过，因为她提前准备的是一次性的碗碟和一次性桌布，因此只需要把桌布一裹，往垃圾篓里一扔，桌子上便干干净净了，然后两人躺在阳光下的躺椅上小憩，顺便聊着天，是最舒服不过的午后。

"你还记得去年咱们家请客吗？"老公忽然问，佳惠哪能不记得。那次收拾碗筷的时候，见老公一动不动的，佳惠心里的火便"噌"地就蹿上来了，冲着老公一顿狂吼，老公最后"投降"，说下次不请客了，佳惠又委屈得不行，认为老公误解了她，觉得老公"不识好歹"，自己辛苦得要死，还要受他的委屈。那次，佳惠和老公冷战了很久，她甚至开始怀疑这场婚姻到底能维持多久。

同样的事情，不同的处理方式，便有不同的结果。如同这次出差，在宾馆里休息了一个小时之后，也并不是完全想等着老公去收拾，而是当佳惠自己有了足够充沛的精力，即使老公没有收拾家里，她自己动手或者请钟点工都是不错的方式。

现在，老公主动收拾，又何尝不是顾及佳惠的感受，这样的顾及便是幸福啊！

回到家，佳惠像是没发现之前的脏乱差一般，反而夸张地称赞道："哇，我好像都看到我们家都有星光在闪耀哦，好干净！"一席话说得老公颇不好意思，恨不得拿起拖把，重新把地再拖一遍，只要佳惠心情好，他便觉得再累也是值得的。佳惠在老公的神情里，也看到了他对自己的重视，她眼里的笑意更浓。

图书在版编目（CIP）数据

婚姻中，什么样的女人最好命 / 蔡源霞著 . —北京：
中国华侨出版社，2017.3

ISBN 978-7-5113-6705-1

Ⅰ . ①婚…　Ⅱ . ①蔡…　Ⅲ . ①女性—婚姻—通俗读物
Ⅳ . ① C913.13-49

中国版本图书馆 CIP 数据核字（2017）第 050844 号

婚姻中，什么样的女人最好命

著　　者 / 蔡源霞

责任编辑 / 焦　雨

责任校对 / 高晓华

经　　销 / 新华书店

开　　本 / 670 毫米 × 960 毫米　1/16　印张 /16　字数 /187 千字

印　　刷 / 三河市华润印刷有限公司

版　　次 / 2017 年 5 月第 1 版　2017 年 5 月第 1 次印刷

书　　号 / ISBN 978-7-5113-6705-1

定　　价 / 32.00 元

中国华侨出版社　北京市朝阳区静安里 26 号通成达大厦 3 层　邮编：100028

法律顾问：陈鹰律师事务所

编辑部：（010）64443056　　64443979

发行部：（010）64443051　　传真：（010）64439708

网　　址：www.oveaschin.com

E-mail：oveaschin@sina.com